いちからわかる
道路管理事務のキホン

グループMICHI［編集］

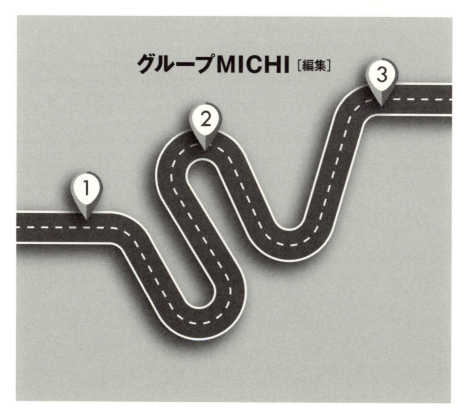

ぎょうせい

まえがき（本書の使い方）

　この本は、道路管理業務に初めて携わることとなった主として事務系の方々に向けて作りました。

　道路管理事務（この本では、事務系の道路管理の仕事を「道路管理事務」と呼ぶこととします）は、大きく分けて３種類の仕事があります。

1　路線認定や道路区域決定などの道路法の適用範囲の決定や手続に関する事務。
2　道路占用許可申請や24条工事の受付、現場確認、指導などの許認可関係の事務。
3　訴訟や苦情対応など道路に関する争訟に関する事務。

　これらにはすべて法律の根拠があり、ある程度の法律的な理解は必要です。しかしながらこれらの法律をいちから勉強することは大変です。この本は、詳しく勉強する時間のない方が、業務で必要となった法律の内容に関してざっくりと概要を理解することを目的とするため、実務でよくある質問を書き出し「Ｑ＆Ａ」の構成にしました。

　Ｑ＆Ａの欄では、いちいち法令集を参照する必要のないように、できるだけその部分の条文を載せています。
　また、実務上でよく使われる専門用語を並べ、該当のページを検索できるようにもしてみました。

　付録として、最近の道路法改正に当たっての目的・趣旨を説明した国土交通省の資料を掲載しています。
　このように、本書は道路管理の根拠をおおまかに理解していただく

i

ことを目的としていますので、細部においては解釈が異なる部分や疑問点があるかもしれませんがご容赦のほどよろしくお願い致します。

　令和6年9月

グループ MICHI

目次

まえがき（本書の使い方）……… **i**

道路管理事務における専門用語集（さくいん）……… **xi**

第❶部
いちからわかる
道路管理事務の知識と雑学　1

第1章　道路管理事務とは／2

Q1　このたび、道路維持課に異動になりました。私は事務系の職員なのですが、どのような仕事をするのでしょうか？…… 2

Q2　私は法律系の業務は苦手なのですが、法学部出身でなければ難しいですか？…… 3

Q3　『道路法令総覧』（ぎょうせい）を見ると「法律」や「政令」、「省令」、「通知」などたくさんの法律関係の用語が出てきます。これらはどういう意味なのでしょうか？…… 4

Q4　道路法の条文は長くて読みにくいです。概要を理解するよい方法はありませんか？…… 6

第2章　道路の機能といろいろな道路／10

Q1　道路の役割は人や車が通行することはわかるのですが、他の機能もあると聞きましたが、どういう機能があるのですか？…… 10

Q2　道路の地下は誰でも使うことができるのでしょうか？…… 11

Q3　公道や私道という言葉を聞きますが、これは道路法で決められているのですか？…… 12

Q4　道路法上の道路とはなんですか？道路はすべて道路法で定められたものではないのですか？…… 14

iii

Q5 道路交通法上の道路とはなんですか？…… 15

Q6 建築基準法上の道路とはなんですか？…… 17

Q7 道路運送法上の道路とはなんですか？…… 19

Q8 街路とは何ですか？街の中にある道路の総称なのでしょうか？
…… 21

Q9 農道、林道、港湾道路とはなんですか？「広域農道」、「スーパー
林道」などの看板を見たことがあるのですが…。…… 22

Q10 里道とはなんですか？…… 23

第3章　日本の道路の歴史／26

Q1 日本の道路の歴史について教えてください。…… 26

Q2 「国道」の歴史について教えてください。…… 28

Q3 国道の欠番はなぜあるのですか？…… 29

Q4 国道に昇格した道路はありますか？…… 30

Q5 ちょっと風変わりな国道があると聞いたのですが。…… 31

第4章　道路と争訟／34

Q1 重要な仕事の一つとして、道路に関する紛争の事務があるという
ことを聞きました。その概要を教えてください。…… 34

Q2 道路管理瑕疵訴訟の判例の傾向について教えてください。…… 36

Q3 反射的利益という言葉も聞いたのですが、どういうものか教えて
ください。…… 37

第❷部
ざっくり道路法
（条文をＱ＆Ａ形式で解説）39

第1章　総則（1条〜4条）／42

Q1　道路法の目的と用語の定義について教えてください。
（道路法はなんのための法律ですか？）…… 42

Q2　道路法における道路の定義について教えてください。また、「道路附属物」という言葉も聞いたことがあるのですが、どのようなものなのでしょうか？…… 43

Q3　道路附属物の中に「道路元標」というものがありますが、これはなんですか？…… 46

Q4　3条の「高速自動車国道」というのは高速道路のことですか？…… 47

Q5　4条による私権の制限とはなんですか？…… 48

Q6　4条が適用されない場合があると聞きましたが、どのような場合ですか？…… 50

第2章　一般国道等の意義並びに路線の指定及び認定
（5条〜11条）／52

Q1　一般国道とはどのようなものですか？…… 52

Q2　「海上国道」という言葉を聞いたことがあるのですが、どういう意味なのでしょうか？…… 55

Q3　「都道府県道」となるにはどのような要件が必要なのでしょうか？また、その手続はどうなるのですか？…… 57

Q4　「市町村道」はどのように路線認定されるのですか？基準はあるのですか？…… 59

Q5　路線認定の公示とはなんですか？公示をした場合にはどのような効果があるのでしょうか？…… 60

v

Q6 路線の廃止と変更について教えてください。…… 63

Q7 路線の重複とはなんですか？…… 64

第3章　道路管理者（12条〜28条）／66

Q1 国道の建設や管理は誰が行うのですか？指定区間内と指定区間外の意味と経緯を教えてください。…… 66

Q2 どのような区間が指定区間とされているのですか？…… 70

Q3 区域の決定とはなんですか？どのような効果があるのですか？…… 72

Q4 供用の開始とはなんですか？どのような効果があるのですか？…… 75

Q5 「路線認定、区域決定及び供用開始等の取扱について」という通知文書について教えてください。…… 77

Q6 共用管理施設とはなんですか？具体的にはどんなものがあるのですか？…… 82

Q7 兼用工作物とはなんですか？具体的にはどんなものがあるのですか？…… 84

Q8 車両の単独事故によりガードレールが壊されました。事故を起こした原因者に工事を施行させる方法と道路管理者において工事を実施してその費用を負担させる方法のどちらがよいのでしょうか？…… 86

Q9 沿道の土地から道路に出入りしたいときに、歩道の段差を切り下げることはできるのですか？（承認工事とはなんですか？）…… 88

Q10 有料道路の仕組みを簡単に教えてください。（道路整備特別措置法と道路法25条の関係を教えてください。）…… 90

Q11 本来の道路管理者に代わって他の道路管理者が道路を建設・管理することがあるのですか？…… 92

Q12 道路台帳はなんのためにあるのですか？…… 96

第4章　道路の構造（29条、30条）／98

Q1 道路構造令とはなんですか？…… 98

第5章　道路の占用（32条〜41条）／100

Q1　道路占用許可の概要について教えてください。…… 100

Q2　道路占用許可を行うに当たって基本的な考えとなるようなものはあるのでしょうか？…… 103

Q3　道路占用許可が認められる物件にはどのようなものがありますか？…… 105

Q4　無余地要件とはなんですか？絶対的な条件なのですか？…… 106

Q5　各物件の許可基準を教えてください。…… 108

Q6　道路占用許可を行う際の基準や道路管理者の判断の考え方はどのようにすべきでしょうか？…… 109

Q7　2020年のコロナ対策により路上の店舗営業について基準が緩和されたと聞きましたが、どのような内容でしょうか？…… 110

Q8　街の賑わいの創出のためなどに、道路占用許可基準が緩和されていることがあると聞きましたが、どのような内容でしょうか？…… 111

Q9　高架下や道路予定地に関する道路占用については許可の考え方が異なるのですか？…… 114

Q10　占用許可と占用協議の違いとはなんですか？…… 115

Q11　義務占用とはなんですか？…… 116

Q12　道路占用許可と道路使用許可の関係について教えてください。…… 118

Q13　占用制限とはなんですか？…… 119

Q14　占用料について教えてください。…… 121

Q15　占用料の減額や免除について教えてください。…… 123

Q16　占用入札を行う際の要件、内容を教えてください。…… 124

Q17　法定化された占用物件の維持管理義務について概要教えてください。…… 126

Q18　占用物件への添加とはなんですか？また二次占用とはなんでしょうか？…… 128

vii

第6章　道路の保全等（42条〜47条の16）／ 130

- Q1　42条と43条は当たり前のことを書いているような条文なのですが、どのように運用すべきなのでしょうか？…… 130
- Q2　道路上に隣地からの枝が張り出している場合、道路管理者が取り得る措置はありますか？…… 133
- Q3　違法放置等物件の処理について、法律改正された内容について教えてください。…… 135
- Q4　長期間放置されている車両は違法放置等物件になるのでしょうか？…… 138
- Q5　地元の自治会などから、標識令に定めのない標識や案内板をつけてほしいとの要望がありました。どのように対処すべきなのでしょうか？…… 140
- Q6　台風などのとき、道路管理者が自ら通行止めをすることができますか？…… 142
- Q7　道路の老朽化を防ぐために、車両や道路にどのような規制が定められているのでしょうか？…… 144
- Q8　特殊車両とはなんですか？それらが道路を通行するにはどのような手続が必要でしょうか？…… 146
- Q9　重量超過車両が走行することによって、道路にどのような影響を与えますか？…… 150

第7章　道路の立体的区域（47条の17〜48条）／ 152

- Q1　道路と建物が一体となっている立体道路について概要を教えてください。…… 152

第8章　自動車専用道路（48条の2〜10）／ 154

- Q1　自動車専用道路とするためにはどのような手続を行うのですか？…… 154
- Q2　連結とはどういうことですか？どのような場合に連結許可が必要なのですか？…… 156

第9章　重要物流道路（48条の17〜19）／**158**

Q1　重要物流道路とはなんですか？指定されるとどういう効果があるのですか？…… 158

第10章　歩行者利便増進道路（48条の20〜29）／**160**

Q1　歩行者利便増進道路とはどのようなものですか？…… 160

Q2　公募占用指針、歩行者利便増進計画とはなんですか？…… 162

第11章　特定車両停留施設（48条の30〜36）／**164**

Q1　特定車両停留施設とはなんですか？…… 164

第12章　利便施設協定（48条の37〜39）／**166**

Q1　歩道に隣接する民間ビルの敷地部分が事実上歩道として使われています。その部分にバス停のベンチを作って道路管理者が管理することはできるのでしょうか？（利便施設協定とはなんでしょうか？）…… 166

第13章　道路協力団体（48条の60〜65）／**170**

Q1　道路協力団体とはなんですか？道路協力団体になるとどのようなメリットがあるのですか？…… 170

第14章　道路に関する費用、収入及び公用負担（49条〜70条）／**174**

Q1　原因者負担金とはなんですか？…… 174

Q2　事故を起こした原因者が亡くなりました。負担金を回収する方法はありますでしょうか？…… 176

Q3　受益者負担金とはなんですか？実例はあるのでしょうか？…… 177

第15章　監督（71条〜78条）／**178**

Q1　監督処分とはなんでしょうか？どのような場合に行われるのですか？…… 178

Q2　監督処分と行政手続法の関係について教えてください。…… 181

Q3　台風などで沿道の樹木が道路上に飛ばされて放置されています。道路管理者が取り得る措置はありますか？…… 185

ix

Q4 道路管理者の立入検査はどのような場合に行われるものですか？
…… 188

Q5 措置命令と行政指導の違いを教えてください。…… 189

第16章 雑則（85条～98条の2）／190

Q1 道路占用許可に当たって条件をつけてもよいのですか？…… 190

Q2 道路を構成する敷地については誰に帰属するのですか？…… 191

Q3 道路予定区域とはなんですか？どのような制限がかかるのですか？…… 192

Q4 道路を廃止したとき、土地などの不用となる物件はどのように処理するのですか？…… 194

Q5 みなし貸付とはなんですか？…… 198

第❸部
付　　録 201

最近の道路法改正に関する参考資料……… 202

あとがき……… 210

道路管理事務における専門用語集（さくいん）

どこの業界にも「専門用語」、「業界用語」というものがあります。新たに道路管理の担当になられた方は、職場で飛び交う言葉に戸惑いを覚えるかもしれません。

そこでまず最初に、それらの用語と読み方を並べ、この本の該当ページを記載しました。

本書の索引としてもお使いください。

（五十音順）

用　語	読み方	ページ
維持管理義務（占用）	いじかんりぎむ・せんよう	126
維持修繕規定	いじしゅうぜんきてい	130
市道	いちどう・しどう	23
一般国道	いっぱんこくどう	52
一般自動車道	いっぱんじどうしゃどう	19
一般的制限値	いっぱんてきせいげんち	146
委任	いにん	4
違法放置物件	いほうほうちぶっけん	135
沿道区域	えんどうくいき	133
海上国道	かいじょうこくどう	31, 55
開発道路	かいはつどうろ	121
街路	がいろ	21
監督処分	かんとくしょぶん	178
起終点	きしゅうてん	28, 46
義務占用	ぎむせんよう	116
行政代執行	ぎょうせいだいしっこう	179

xi

共同溝	きょうどうこう	44
供用開始	きょうようかいし	75
共用管理施設	きょうようかんりしせつ	82
橋梁	きょうりょう	95
区域決定	くいきけってい	72
原因者施行命令	げんいんしゃせこうめいれい	86
原因者負担金	げんいんしゃふたんきん	174
権限代行	けんげんだいこう	92
建築基準法上の道路	けんちくきじゅんほうじょうのどうろ	17
限度超過車両	げんどちょうかしゃりょう	146
兼用工作物	けんようこうさくぶつ	84
高規格幹線道路	こうきかくかんせんどうろ	91
公示	こうじ	60
工事原因者	こうじげんいんしゃ	86
工事施行命令	こうじせこうめいれい	86, 175
道路構造令（構造令）	どうろこうぞうれい・こうぞうれい	98
高速自動車国道	こうそくじどうしゃこくどう	47
高速道路会社	こうそくどうろがいしゃ	90
公道	こうどう	12
港湾道路	こうわんどうろ	22
58条命令	ごじゅうはちじょうめいれい	86, 174, 176
災害対策基本法	さいがいたいさくきほんほう	185
私権の制限	しけんのせいげん	48

xii

市町村道	しちょうそんどう	59
指定区間を指定する政令	していくかんをしていするせいれい	68
私道	しどう・わたくしどう	12
市道	しどう・いちどう	23
自動車専用道路（自専道）	じどうしゃせんようどうろ・じせんどう	154
自動車駐車場	じどうしゃちゅうしゃじょう	44
自動車道	じどうしゃどう	19
車両制限令	しゃりょうせいげんれい	144
重要物流道路	じゅうようぶつりゅうどうろ	158
主要地	しゅようち	57
承認工事	しょうにんこうじ	88
省令	しょうれい	4
政令	せいれい	4
政令物件	せいれいぶっけん	167
占用協議	せんようきょうぎ	115
占用許可	せんようきょか	115
専用自動車道	せんようじどうしゃどう	19
占用制限	せんようせいげん	119
占用入札	せんようにゅうさつ	124
占用料	せんようりょう	121
措置命令	そちめいれい	189
立入検査	たちいりけんさ	188
地方道路公社	ちほうどうろこうしゃ	47

xiii

重複路線	ちょうふくろせん	81
通行規制	つうこうきせい	143
電線共同溝	でんせんきょうどうこう	44
道路運送法上の道路	どうろうんそうほうじょうのどうろ	19
道路管理者	どうろかんりしゃ	66
道路協力団体	どうろきょうりょくだんたい	170
道路区域	どうろくいき	72
道路元標	どうろげんぴょう	46
道路交通法上の道路	どうろこうつうほうじょうのどうろ	15
道路情報管理施設	どうろじょうほうかんりしせつ	44
道路整備特別措置法	どうろせいびとくべつそちほう	90
道路台帳	どうろだいちょう	96
道路の修繕に関する法律	どうろのしゅうぜんにかんするほうりつ	130
道路附属物（附属物）	どうろふぞくぶつ・ふぞくぶつ	43
道路法	どうろほう	40〜
道路法上の道路	どうろほうじょうのどうろ	14
道路法施行規則	どうろほうせこうきそく	5
道路法施行令	どうろほうせこうれい	4
道路保全立体区域	どうろほぜんりったいくいき	193
特殊車両（特車）	とくしゅしゃりょう・とくしゃ	146
特殊車両通行許可制度	とくしゅしゃりょうつうこうきょかせいど	148

特殊車両通行確認制度	とくしゅしゃりょうつうこうかくにんせいど	148
土地収用法	とちしゅうようほう	74
特区（特別区）	とっく（とくべつく）	14
都道府県道	とどうふけんどう	14
2項道路	にこうどうろ	18
24条承認	にじゅうよんじょうしょうにん	88
農道	のうどう	22
バスタ	ばすた	164
標識令	ひょうしきれい	140
不用物件	ふようぶっけん	194
歩行者利便増進道路	ほこうしゃりべんぞうしんどうろ	160
ほこみち	ほこみち	160
みなし貸付	みなしかしつけ	198
無電柱化	むでんちゅうか	203
無余地要件	むよちようけん	106
有料道路	ゆうりょうどうろ	47,90
予定区域（道路予定区域）	よていくいき・どうろよていくいき	192
立体的区域	りったいてきくいき	152
立体道路	りったいどうろ	152
里道	りどう・さとみち	23
利便施設協定	りべんしせつきょうてい	166
林道	りんどう	22
連結許可	れんけつきょか	156

路上放置車両	ろじょうほうちしゃりょう	138
路線を指定する政令	ろせんをしていするせいれい	69
路線認定	ろせんにんてい	77
路線認定基準	ろせんにんていきじゅん	57
路線の重複	ろせんのちょうふく	64
路線の廃止	ろせんのはいし	63

第1部

いちからわかる
道路管理事務の知識と雑学

第1章

道路管理事務とは

Q1
このたび、道路維持課に異動になりました。私は事務系の職員なのですが、どのような仕事をするのでしょうか？

A 　道路管理の事務は大きく分けて技術系の仕事と事務系の仕事に分けられます。

　技術系の仕事は、主にハード面の仕事を担当しており舗装の修繕、橋梁の点検、そのほかにも交通対策や災害復旧などを担当しています。

　一方、事務系の仕事は、主にソフト面の仕事を担当しており、路線認定、区域決定、供用開始などの道路法に関する法律的な事務、道路占用許可に代表される道路利用関係を調整する事務、さらには道路利用者との間で生じる紛争などの解決に当たる事務などを担当しています。

　どちらも重要な仕事であり、どちらかが欠けても道路管理の仕事は成り立たないと言えます。

第 1 章　道路管理事務とは

> **Q2**
> 私は法律系の業務は苦手なのですが、法学部出身でなければ難しいですか？

A 多少の法律的知識があった方が良いことは事実ですが、専門的な法律の勉強をしていなければ難しいというものでもありません。学生時代に法律を学んだ方でも、道路法を学んだ方はそう多くはいらっしゃらないかと思います。

　最初はこの本を参考にしていただき、なるべく回り道をせずに担当する道路管理に必要な法律を理解していただければ十分です。

3

Q3

『道路法令総覧』（ぎょうせい）を見ると「法律」や「政令」、「省令」、「通知」などたくさんの法律関係の用語が出てきます。これらはどういう意味なのでしょうか？

A 法律は国会の議決を経て制定されます。道路管理事務に必要な基本的な法律として道路法、有料道路の根拠として道路整備特別措置法などがあります。少し細かいところでは、軌道法や共同溝法などが個別の法律として定められています。

　政令は、例えば、道路法施行令というように正式には「施行令」というもので、法律にすべてを記載することができない場合や機敏に改正する必要があることなどを考慮して、多くは法律からの委任を受けて閣議決定で定められています。

　法律からの委任がどう行われているのか、道路法でその例を見てみましょう。

道路法

（道路管理者以外の者の行う工事）

第24条　道路管理者以外の者は、第12条、第13条第３項、第17条第４項又は第19条から第22条の２までの規定による場合のほか、道路に関する工事の設計及び実施計画について道路管理者の承認を受けて道路に関する工事又は道路の維持を行うことができる。ただし、道路の維持で政令で定める軽易なものについては、道路管理者の承認を受けることを要しない。

　この「政令で定める」の部分が「政令に委任する」といわれるもの

第1章　道路管理事務とは

です。この委任を受けた政令（道路法施行令）が実際にどうなっているかを見てみます。

道路法施行令

（道路管理者以外の者の行う軽易な道路の維持）
第3条　法第24条但書に規定する道路の維持で政令で定める軽易なものは、道路の損傷を防止するために必要な砂利又は土砂の局部的補充その他道路の構造に影響を与えない道路の維持とする。

　次に、省令とはその法律を所管する官庁が定める規則です。したがって、○○法施行規則という名称になっている場合が多く、道路法の場合は「道路法施行規則」となっています。これも政令と同じく委任を受けて定められているものが多いのですが、道路法から直接委任されているものと道路法施行令から委任されているものがあります。
　このように政令や省令は法律では書ききれない具体的なことについて定めている場合が多くあります。

　最後に、通知（通達、技術的助言）は、省令でも書ききれないものや、法令が施行された後に実務上の疑義が生じた時などの場合に官庁間（国（本省）→国の出先機関、国→地方公共団体など）において出されるものです。
　道路法関連の通知の中では道路占用に関する通知が一番多く、これは占用許可に関する内容は多種多様であり、法令でそのすべてについて事前に規定することは難しいことが理由であると言えます。

Q4
道路法の条文は長くて読みにくいです。概要を理解するよい方法はありませんか？

A 道路法に限った話ではないのですが、法律の条文はどんどん緻密な条文になってきていると思います。

特に最近になって改正や追加された条文は（　）書きが多く、長い条文になり、読むのに少し苦労すると思います。

本当にそのとおりだと思います。道路法の条文を少し読んでみたのですが嫌になりました。

道路法の中でも比較的簡単に読める条文と複雑な条文を例として並べてみましょう。

（比較的簡単に読める例）

道路法

（路線が重複する場合の措置）
第11条　国道の路線と都道府県道又は市町村道の路線とが重複する場合においては、その重複する道路の部分については、国道に関する規定を適用する。
2　都道府県道の路線と市町村道の路線とが重複する場合においては、その重複する道路の部分については、都道府県道に関する規定を適用する。
3　他の道路の路線と重複するように路線を指定し、認定し、若しくは変更しようとする者又は他の道路の路線と重複している

第1章　道路管理事務とは

路線について路線を廃止し、若しくは変更しようとする者は、現に当該道路の路線を認定している者に、あらかじめその旨を通知しなければならない。

　　この条文自体で規定していることは、1項は、国道と地方道（都道府県道又は市町村道）が重複した場合は国道として管理する。2項は、都道府県道と市町村道が重複した場合は都道府県道として管理する。3項は、既に他の道路となっているものに重ねて道路を認定しようとする者はその者に通知する、という規定です。
　　この条文を簡単な例として紹介した理由は、単純であることですが、（　）書き部分がないことです。それがあるかどうかで読みやすさがかなり違います。
　　では次に（　）が入って少し複雑な条文の例を見てみます。

（複雑な例）

　道路法

　（自動車専用道路の指定）
　第48条の2　道路管理者は、交通が著しくふくそうして道路における車両の能率的な運行に支障のある市街地及びその周辺の地域において、交通の円滑を図るために必要があると認めるときは、まだ供用の開始（他の道路と交差する部分について第18条第2項ただし書の規定によりあつたものとみなされる供用の開始及び自動車のみの一般交通の用に供する供用の開始を除く。次項において同じ。）がない道路（高速自動車国道を除く。）について、自動車のみの一般交通の用に供する道路を指定することができる。この場合において、当該道路に二以上の道路管理者（当該道路と交差する道路の道路管理者を除く。）がある

7

> ときは、それらの道路管理者が共同して当該指定をするものとする。

　まず、読んでいる間にどこが（　）部分か本文かわからなくなってしまい、そのうち読むのが嫌になってしまいますね。
　この条文全体の意味をざっくり理解したいときには、まず（　）を外してみることをおすすめします。下は（　）を外した文章です。

道路法
> （自動車専用道路の指定）
> **第48条の２**　道路管理者は、交通が著しくふくそうして道路における車両の能率的な運行に支障のある市街地及びその周辺の地域において、交通の円滑を図るために必要があると認めるときは、まだ供用の開始がない道路について、自動車のみの一般交通の用に供する道路を指定することができる。この場合において、当該道路に二以上の道路管理者があるときは、それらの道路管理者が共同して当該 指定をするものとする。

　どうでしょう？格段にわかりやすくなっていませんか。
　こうすると条文が示しているキーワードが見えてきます。キーワードは「交通が著しくふくそう」、「市街地及びその周辺の地域」、「まだ供用の開始がない」、「自動車のみ」という四つです。
　さらにわかりやすくするために、独断で少し文章を並べ替えてみます。
　「自動車のみ」が通行できる道路にするためには「市街地及びその周辺の地域」で「交通が著しくふくそう」しているところで「まだ供用の開始がない」（新設の）道路であること。
　といった感じになりますかね。最近において追加された条文はもっ

第 1 章　道路管理事務とは

と複雑になっていますので、ぜひ（　）を外して読んでみてください。冊子上で（　）を外すことは出来ませんので、（　）部分に色を付けてみたり、（　）内の文字に鉛筆で取消線を付したり、ワープロソフトを利用したりして（　）を外すと条文が読みやすくなることもありますので、自分なりに読みやすくなる方法を見付けてください。

> **コラム　年中引き継ぎ書**
>
> 　公務員にとって人事異動は避けられない宿命です。
>
> 　その際必要になるのが「引継書」ですが、最近は何となく作り方が雑になっているような気がします（感覚的なものですが）。
>
> 　異動が決まってから作成するのは正直大変です。そこでアイデアとして、年中引継書を作る方法を提案します。
>
> 　私の場合はエクセルファイルを利用し、大きな項目毎にシートを作成しています。それに日記のように一定の仕事が片付くたびに要点を記入しておく方法です。
>
> 　毎日、毎日記入する必要はありませんが、まとめて異動前に書くより記憶の面で便利だと思います。

第1部

第2章 道路の機能といろいろな道路

(1) 道路の機能

Q1
道路の役割は人や車が通行することはわかるのですが、他の機能もあると聞きましたが、どういう機能があるのですか？

A 「車や人が通行する」機能は「トラフィック機能」と呼ばれています。

道路には他にも色々な機能があります。その一つとして「空間機能」があります。空間機能とは都市に空間を形成する機能であり、建築物の密集を防ぎ延焼を防止する「防災機能」も有していると言えます。

さらに道路には「収容空間」という機能も持ち合わせています。「収容」の代表的な例は、道路の地下に上下水道や電気・ガスなどの「占用物件」が埋設されていることです。

なるほど。地下にあるのであまり気が付きませんが、マンホールがあるのは下水道が通っているからなのですね。

道路は車や人々が通行する役割のほかにも電気・電話・ガス・水道・下水道などの私達が暮らすうえで必要な施設を収容する役割があります。

Q2
道路の地下は誰でも使うことができるのでしょうか？

A 「誰でも」と聞かれれば答えに困りますが、道路はみんなのものですので地下を利用するにも公益的な理由が必要になります。

　この埋設を許可することを「道路占用許可」といいます。詳しくは、32条の解説部分で紹介します。

マンホール（イメージ）

(2) 公道と私道

Q3
公道や私道という言葉を聞きますが、これは道路法で決められているのですか？

A よく「公道に出る」とか「ここは私道だから」などという言葉を聞いたことがあると思います。

しかしながら道路法には「公道」、「私道」という用語はありません。また、インターネットの「e-GOV」の法令検索によると「公道」という言葉が使われている法律は10件ほどヒットするのですが、いずれの法律にも用語の定義は示されていません。

もっと知りたい！

そうなんですか。普段から「公道」という言葉を使っていますが、定義はないのですね。ではどう理解をすればよいのでしょうか？

法律で使われている一例として民法があります。そこでは、「(公道に至るための他の土地の通行権) 第210条　他の土地に囲まれて公道に通じない土地の所有者は、公道に至るため、その土地を囲んでいる他の土地を通行することができる。」とされていますが「公道」の定義はなく、あくまで一般的に「公共的な道」という理解がされているようです。

感覚的に、交通違反をすれば問題になる道路が「公道」、そうでないものが「私道」と思っていたのですが、間違いでしょうか？

第 2 章 道路の機能といろいろな道路

　厳密に言えば違う部分もあるでしょうが、大まかな理解としてはそのような感覚でよいかもしれません。しかしながら、後述しますが、交通違反になる道路は道路交通法に定める道路であり、私道でも対象になる場合があります。

　では「私道」はどう理解すればよいでしょうか？

　これも厳密には難しいですが、あえて言うと「原則、誰でも利用できる道路が「公道」に対して、原則として土地所有者の許可を得なければ利用できない道路が「私道」」という感じになると思います。

公道（イメージ）

私道（イメージ）

13

(3) 道路法上の道路

Q4
道路法上の道路とはなんですか？道路はすべて道路法で定められたものではないのですか？

A 道路関係の実務に携わると、まず「道路法上の道路」という言葉に当たると思います。

道路法に定められた道路とは具体的には「高速自動車国道」、「一般国道」、「都道府県道」、「市町村道」であり、道路法に定められた手続を経て「存在」する道路ということになります。

また、東京23区の特別区の道路、すなわち「区道」についても8条に規定する「市町村道」と同様に道路法の道路になります。

もっと知りたい！

　それでは、道路法上の道路ではない「道路」というものは存在するのでしょうか。禅問答のようでわかりにくくなってきましたが。

　はい。外形的に道路の形状をしていても道路法の手続を経ずに存在する「道」はたくさんあります。
　詳しくはこの後紹介しますが、細い通路から巨大な橋まで「道路法上の道路でない道路」は色々と存在します。

(4) 道路交通法上の道路

Q5
道路交通法上の道路とはなんですか？

A まずは道路交通法の目的と第2条の「道路」の定義を見てみましょう。

> **道路交通法**
>
> （目的）
> 第1条　この法律は、道路における危険を防止し、その他交通の安全と円滑を図り、及び道路の交通に起因する障害の防止に資することを目的とする。
>
> （定義）
> 第2条　この法律において、次の各号に掲げる用語の意義は、それぞれ当該各号に定めるところによる。
> 一　道路　道路法（昭和27年法律第180号）第2条第1項に規定する道路、道路運送法（昭和26年法律第183号）第2条第8項に規定する自動車道及び一般交通の用に供するその他の場所をいう。

　　道路法に定める道路はわかるのですが、あとの二つの道路運送法の道路と一般交通の用に供するその他の場所というのがわかりません。

　　「道路法に規定する道路」については先ほどの質問でわかったかと思います。
　　次に「道路運送法に規定する自動車道」とされていますが、こ

れは後ほど説明させていただきます（19ページ参照）。

　その次に「一般交通の用に供するその他の場所」という規定が
ありますが、およそ一般交通の用に供されている場所はほぼ道路
交通法の対象となるものと考えられます。

　適用を受けないのは自動車教習所の敷地内など「一般交通の用
に供されていない」部分に限られます。私道でも一般の交通の用
に供されていれば道路交通法の対象となる場合があります。

　このことから、道路交通法上の道路が「公道」という感覚に近
いのではないかと思います。

(5) 建築基準法上の道路

Q6
建築基準法上の道路とはなんですか？

A 建築基準法上の道路は通行するための規定ではなく、建築物を建築するためには道路に接する必要があり、その道路はどのような要件が必要かということを定めているものです。

建築基準法42条1項には道路の定義として以下の記述があります。

> **建築基準法**
>
> （道路の定義）
> **第42条** この章の規定において「道路」とは、次の各号のいずれかに該当する幅員4メートル以上のものをいう。

（括弧書き及び「次の各号」省略）

これは、いわゆる「接道義務」と呼ばれるもので建築基準法において建物は道路に面して建てなくてはならないため、その建物が面する「道路」を定義しているものです。

「二項道路」という名称も聞いたことがあるのですが…。

さきほどの建築基準法42条2項があり、その条文の名称から「二項道路」という言葉がよく使われます。

建築基準法

（道路の定義）

第2項 都市計画区域若しくは準都市計画区域の指定若しくは変更又は第68条の9第1項の規定に基づく条例の制定若しくは改正によりこの章の規定が適用されるに至つた際現に建築物が立ち並んでいる幅員4メートル未満の道で、特定行政庁の指定したものは、前項の規定にかかわらず、同項の道路とみなし、その中心線からの水平距離2メートルの線をその道路の境界線とみなす。

ただし、当該道がその中心線からの水平距離2メートル未満で崖地、川、線路敷地その他これらに類するものに沿う場合においては、当該崖地等の道の側の境界線及びその境界線から道の側に水平距離4メートルの線をその道路の境界線とみなす。

（括弧は外してあります）

少し長い条文でわかりにくいですが、幅員4m未満の道路に面する土地に建物を建てる場合の考え方が、記載されています。

おおざっぱに言いますと、4m未満の道路に面して建物を建てる場合は、道路の中心線から2m離れた部分から建物が建てられるということです。

「セットバック」と呼ばれることもありますが、詳しく知りたい方は建築基準法の解説を参照してください。

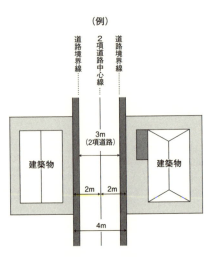

(6) 道路運送法上の道路

Q7
道路運送法上の道路とはなんですか？

A 道路運送法には一般自動車道と専用自動車道の二種類の自動車道が規定されています。

「自動車道」とは「専ら自動車の交通の用に供することを目的として設けられた道で道路法による道路以外のもの」とされ、「専用自動車道」とは、自動車運送事業者（自動車運送事業を経営する者をいう）が専らその事業用自動車（自動車運送事業者がその自動車運送事業の用に供する自動車をいう）の交通の用に供することを目的として設けた道をいう」とされ、「一般自動車道」とは「専用自動車道」以外の自動車道をいうとされています。

全部同じ言葉に聞こえてよくわかりません。具体的な例で教えてもらえませんか？

そうですね、例を示すと「一般自動車道」の代表的なものは「〇〇ハイウェイ」や「△△スカイライン」と呼ばれる観光地などの道路で、料金を払って（無料の道路もありますが）誰もが通行できる道路です。

専用自動車道とは、経営者が作った道路を経営者の車両のみが通行する道路ということになります。

具体的には東日本大震災の後に導入された BRT（バス・ラピッド・トランジット（Bus Rapid Transit）の略）があります。これは旧鉄道敷を利用した専用自動車道であり、JR のバスのみが

通れる道路となっています。
　その他の一般自動車道の路線については国土交通省のHPに掲載されています。
　　　（国土交通省HP：https://www.mlit.go.jp/common/001251482.pdf）

専用軌道を走行中のBRT車内

第 2 章　道路の機能といろいろな道路

(7) 街　路

Q8
街路とはなんですか？街の中にある道路の総称なのでしょうか？

A　街路という用語も道路法上の用語ではありません。「街路」とは都市計画法に基づく道路の名称で、都市計画事業として道路を建設する事業を「街路事業」と言います。

「都市計画事業」とは、都市計画法 59 条に基づく認可又は承認を受けて行なわれる都市計画施設の整備に関する事業であり、道路関係の都市計画施設としては同法 11 条 1 項 1 号に「道路、駐車場、自動車ターミナルその他の交通施設」などが定められています。

もっと知りたい！

　街路とは都市計画道路を建設するための呼び方なのですね。道路管理を行う際に、街路の種別は関係してくるのでしょうか？

　都市計画法施行令 6 条 1 項には、道路は「種別」を都市計画に定めることとなっており、都市計画法施行規則 7 条 1 項に種別として、「自動車専用道路、幹線街路、区画街路又は特殊街路の別」を定めることとされていますが、これは道路法上の国道、都道府県道、市町村道の種別とは直接リンクするものではありませんので、道路管理を行う際には街路の種別は関係してくるものではありません。

21

(8) 農道、林道、港湾道路

Q9
農道、林道、港湾道路とはなんですか?「広域農道」、「スーパー林道」などの看板を見たことがあるのですが…。

A 「農道」、「林道」、「港湾道路」と呼ばれる道路は物理的には同じ「道路」であっても、建設・管理する根拠の法律が道路法と異なる道路です。

まず「農道」ですが、土地改良法2条に「この法律において「土地改良事業」とは、この法律により行う次に掲げる事業をいう。」とされ、第1号に農業用道路の定めがあり、この農業用道路が通称「農道」と呼ばれています。

次に「林道」とは、森林・林業基本法等に基づき林道の整備が規定され、更に適正な林道の整備に資することを目的に林野庁が定める「林道規程」に基づき管理を行っている道路を「林道」と呼んでいます。

最後に「港湾道路」ですが、港湾法2条5項に港湾施設の定義があり、その4号に臨港交通施設とは「道路、駐車場、橋梁、鉄道、軌道、運河及びヘリポート」であるとされていることが根拠と考えられます。(港湾道路は「臨港道路」と呼ばれることもあります。)

農道（イメージ）

林道（イメージ）

⑼ 里 道

Q10
里道とはなんですか?

A 「里道」一般的には「りどう」と読みますが「さとみち」と呼ばれることもあります。また公図上、赤色で示されていたことから「赤道（あかみち）」とも呼ばれます。歴史は古く、明治時代の日本の道路の分類は「国道」、「県道」、「里道」の3種類に分類され、その後大正時代の旧道路法により道路の種類は「国道」、「府県道」、「市道」及び「町村道」に再分類されました。

この際、旧「里道」のうち市町村道とされなかったものが道路法の枠外の道路である「里道」として残ることになったと言われています。

里道は長年にわたり「法定外公共物」と呼ばれ、地方公共団体による事実上の管理が行われていましたが、平成11年の地方分権一括法による国有財産特別措置法の一部改正により、それぞれの法律が適用されるもの以外の河川、下水道、道路などについて、国が用途を廃止した場合に市町村が公共の用に供するときは当該地方公共団体に譲与できることとなり、当該地方公共団体が管理しています。（詳しい取扱い方針として平成11年7月16日付け「法定外公共物公共物に係る国有財産の取扱いについて」大蔵省理財局長通達があります。）

コラム

なぜ「あかみち」と呼ばれるのか?

　明治時代に地租（税金）が免除される土地の印として公図上で赤い線で示されました（水路が青い線）。そのため里道を「あかみち」（水路を「あおみち」）ということがあります。

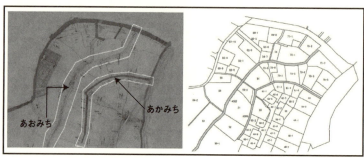

（出典：国土交通省HP）

第 2 章　道路の機能といろいろな道路

第
1
部

25

第3章

日本の道路の歴史

Q1
日本の道路の歴史について教えてください。

A 日本の道路の歴史を紹介しようとすると古代の道路まで遡らなければなりませんので、ここでは江戸時代の「五街道」から現代の「国道」に至る歴史を簡単に紹介します。

ご存じの方も多いと思いますが、五街道とは「東海道」、「中山道（中仙道）」、「甲州街道」、「奥州街道」、「日光街道」で、江戸・日本橋を起点とする幕府直轄の主要な五つの陸上交通路でした。

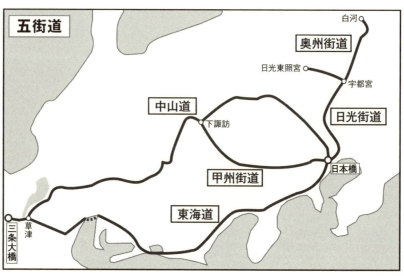

（編者作成）

第3章 日本の道路の歴史

　この五街道に現在の国道番号を当てはめて見てみますと、「東海道」が1号、「中山道」が17号、18号、19号及び21号など、「甲州街道」が20号、「奥州街道」が4号、「日光街道」が東京から宇都宮までが4号の重複で、その先の宇都宮、日光間が119号になります。
　この五街道は幕府に道中奉行という役職があり幕府の直轄管理がされていたとのことです。
　その後、明治時代になって最初の国道が明治9年に定められました。この際、道路をすべて国の営造物とし、国道、県道、里道という分類がされました。

道路元標の距離標

27

Q2
「国道」の歴史について教えてください。

A 明治9年に「国道」という名称が正式に定められました。これらは、一等、二等、三等の等級に区分されており、一等は東京（日本橋）より各開港場に達するもの（1～8号）、二等は東京より伊勢（9号）及び東京から京都、大阪の鎮台（陸軍の軍団）に達するもの（10、11号）、三等は東京より各県庁に達するもの、各府、各鎮台を連絡するもの（12～44号）とされていましたが、初めて個別の路線として国道が認定されたのは明治18年で、この時に等級は廃止され44路線が表として起終点及び経過地が一般に公表されました。

ほとんどの路線が「東京（日本橋）」を起点として北海道から沖縄までの路線が指定されています。国道1号は東京から品川、川崎などを経由して横浜に達する路線、国道2号は東京から国道1号、箱根、静岡、豊橋、四日市、大津、三條大橋、枚方などを経由して大阪港に達する路線で、唯一国道26号だけ「大坂府ト廣島鎮臺トヲ拘聯スル路線（大阪と広島鎮台を互いに連絡する路線）」とされています。なぜ国道26号だけが東京を起点としなかったかは定かではありません。

大正8年、道路法（現在は「旧道路法」と呼ばれています）が制定され、従来の国道の路線は廃止され、①東京から（伊勢）神宮、府県庁所在地、師団軍司令部所在地、鎮守府所在地または枢要な開港に達する路線として38路線が、②主として軍事の目的を有する路線として26路線の計64路線が国道として定められました。

昭和27年の新道路法（現在の道路法）制定時に一級国道と二級国道とに分けられ、一級国道には1桁又は2桁の番号を、二級国道には3桁の番号が付されました。なお、この分類は昭和39年の道路法改正時に廃止され、現在の一般国道に一本化されました。

Q3
国道の欠番はなぜあるのですか？

A 国道の路線番号は、現在の道路法の制定時（昭和27年）に一級国道として1号から41号、翌年の昭和28年に二級国道として101号から244号の3桁の番号が付けられました。その後、昭和40年に道路法改正により一般国道に統合され、一級、二級の分類は廃止されましたが、国道の番号はそのまま使用された関係で現在、59号から100号まで欠番となっています。また、3桁番号についてもこれまで統合等により109号、110号、111号、214号、215号、216号は欠番となっています。

国道16号

Q4
国道に昇格した道路はありますか？

A 昭和40年に一級国道と二級国道が統合され一般国道という名称になりましたが、これまでの路線番号はそのまま引き継がれました。その後、昭和44年、47年、49年、56年及び平成４年に国道の追加指定が行われています。その際、主に都道府県の主要地方道が国道に昇格することをいわゆる国道昇格と呼んでいます。平成４年を最後に、新たな国道の指定も地方道からの国道昇格も行われていません。

交通不能区間
- 路線数　　　17路線
- 箇所数　　　19箇所
- 延長　　　　203.3km

路線名	県　名	箇所名（峠名）	不能区間延長(km)	事　業　名	事業延長(km)	事業状況
274	北海道	白糖町～釧路市	17.7			
452	北海道	芦別市～美瑛町	12.9	盤の沢道路 五稜道路	6.8 11.7	直轄事業，H5～ 直轄事業，H5～
339	青　森	外ケ浜町（竜飛崎）	0.8			
401	福　島 群　馬	桧枝岐村～片品村 （尾瀬）	10.8 12.8			
291	群　馬 新　潟	みなかみ町～南魚沼市　　（清水峠）	13.0 16.2			
353	群　馬 新　潟	中之条町～湯沢町	9.5 1.0			
405	群　馬 長　野	中之条町～栄村	1.5 13.0			
152	長　野	飯田市（地蔵峠）	3.0			
152	長　野 静　岡	飯田市～浜松市 （青崩峠）	0.8 3.7			
256	長　野	飯田市（小川路峠）	12.3			
289	新　潟 福　島	三条市～只見町 （八十里峠）	8.6 10.4	大江道路 八十里越 入叶津道路	1.2 11.8 7.8	補助事業，S61～ 直轄代行，S61～ 補助事業，S48～
352	新　潟	長岡市（萱峠）	4.9	萱峠バイパス	11.0	補助事業，S55～
257	岐　阜	高山市	3.7	三尾河バイパス	7.5	補助事業，H11～
360	岐　阜 石　川	白川村～白山市	6.7 10.0			
417	岐　阜 福　井	掛斐川町～池田町 （冠山峠）	4.4 3.2	冠山峠道路	4.1 3.7	直轄代行，H15～
422	三　重	津市～松阪市 （庄司峠）	2.8			
422	三　重	大台町～紀北町 （野又峠）	13.9			
476	福　井	池田町～南越前町 （段ノ岳峠）	1.2			
371	和歌山	田辺市～古座川町 （高雄峠）	4.5			
			203.3		65.6	

一般国道における交通不能区間の状況（2023 年（令和５年）6月末
（出典：国土交通省 HP）

第3章 日本の道路の歴史

Q5
ちょっと風変わりな国道があると聞いたのですが。

A 　一言で「国道」と言うと、大型トラックや自動車の交通量の多い大動脈的なイメージを思い浮かべると思います。ところが国道には、階段国道、海上国道や、陸地部においても車両が通行できない国道（通行不能区間）も存在します。階段国道は、津軽半島の先端、竜飛岬付近の国道339号にあります。青森県の弘前市から外ヶ浜町に至る全長129.3kmの国道で、うち388.2mが362段の階段で形成されています。

　海上国道は数多く存在し、函館～青森間の国道279号、280号、明石市～淡路市間の国道28号、玉野市～高松市間の国道30号、鹿児島市～那覇市間の国道58号など全国で24路線あります。

　陸地部でも車両が通行できない国道の例として、新潟市といわき市を結ぶ国道289号があります。昭和45年に路線認定された国道289号は総延長約304kmの道路として昭和61年から事業が開始されましたが、県境部の19.1kmの区間は、通称「八十里越」と呼ばれ、急峻な地形でかつ日本でも有数の豪雪地帯のため車両が通行できない区間となっています。現在、国土交通省、新潟県及び福島県において、通行不能区間の解消等を目的として共同で事業を進めており、もうまもなく通年通行が可能な国道に生まれ変わります。

通行不能区間の現況

階段国道（339号）

（出典：国土交通省北陸地方整備局HP）

また、一番長い国道は実延長742.5kmの国道4号です。日本橋を起点とし、埼玉県、茨城県、栃木県、福島県、宮城県、岩手県を経て、青森県へ至る路線で関東と東北を結ぶ大動脈です。
　一番短い国道は実延長0.2kmの国道174号です。神戸港を起点とし、神戸市中央区の国道2号を結ぶ路線で、神戸港からの物流のための重要な道路です。周辺の道路網の変更によりだんだん短くなった経緯があります。

本四高速明石海峡大橋

第4章

道路と争訟

Q1
重要な仕事の一つとして、道路に関する紛争の事務があるということを聞きました。その概要を教えてください。

A 道路管理担当の職員になると紛争関係の事務に悩まされます。これらの業務も道路管理事務担当者にとって避けられないところであり、道路関係訴訟の過去の判例を理解することや訴訟手続を学ぶことは有意義なことです。

具体的には、道路上にできた穴ぼこなどの道路構造に起因して車両が損傷したりする案件が大部分を占めています。日頃の道路管理の重要性が認識できるのではないでしょうか。

道路の紛争は必ず訴訟となるのでしょうか。

いえ、そうではなくほとんどが道路管理に従事する職員の方々による説明や説得により解決しています。

それでも解決しないものが訴訟に発展します。特に事故の場合、道路管理瑕疵による事故かどうか争うケースが多いと思います。損害賠償に関する判断の適否は道路行政の信頼に関わるところですので担当者個人で抱え込まず、組織全体で対応することが重要です。また、判断の適否は道路の過去の裁判例や弁護士などの外部の意見などを参考にして解決に向かうことが有効です。

第4章　道路と争訟

　わかりました。では訴訟にまで発展するのはどのようなケースがあるのでしょうか。

　道路に関する訴訟は大きく次のように分類することができます。代表的なものとして、工事や管理の不良により道路上で事故が起こったとする「道路管理瑕疵（かし）訴訟」と呼ばれるもの及び道路を構成する敷地問題などの訴訟に分かれますが、道路の供用により生活環境が悪化したとして提起される訴訟などもあります。
　また、道路沿いで営業していたドライブインがバイパスの建設によって旧道の通行車両が減少したため営業が成り立たなくなり、その損害を道路管理者に求めるような「反射的利益に関する訴訟」と呼ばれるものもあります。

敷地問題（イメージ）

35

Q2
道路管理瑕疵訴訟の判例の傾向について教えてください。

A 道路管理瑕疵訴訟のうち、路面に穴ぼこや段差が生じそれにより事故が発生した場合に訴訟に至るケースが昔は多かったのですが最近は少なくなっています。

これは、道路管理の水準が上がり、昔のようなでこぼこの路面が減ってきたためと思われます。

もっと知りたい！

物理的に穴が何センチ以上であれば瑕疵になるという指標はあるのでしょうか。

路面の穴や段差について「どれくらいの深さや大きさの穴なら訴訟に負けるのですか？」と聞かれることがあります。

この問いに対する明解な答えはありません。なぜなら、事故の態様は千差万別であり、裁判所は、紛争を解決するために瑕疵の基準を個別に判断するため、「一般的な道路管理の水準が物理的にどうあるべきか」ということを示すようなことはないからです。

被害の状況が重ければ瑕疵の認定も厳しくなるのでしょうか。

判例を分析した限りでは、被害状況が重ければ責任も重くなるという傾向も明らかではありません。

訴訟における道路管理瑕疵の認定は個別の案件ごとに裁判所が念入りに判断しているものであるとしか言えないと考えられます。

第4章 道路と争訟

Q3
反射的利益という言葉も聞いたのですが、どういうものか教えてください。

A 「反射的利益」とは行政の目的とする行為（道路の場合は道路を供用する行為）に付随するものとして発生した利益のことを指します。

具体的な例としては、道路が開通したことによりその沿道地域の商業が繁盛するという現象や、逆にバイパスの供用により旧道の交通量が減少したがために営業が成り立たなくなったといった現象も反射的利益と呼ぶことがあります。

もっと知りたい！

訴訟ではどのような判決が出されているのでしょうか

道路がなくなったり、バイパス建設で旧道の交通量が減ったりする場合に商業が衰退することが考えられますが、これについて損害賠償を請求した訴訟が過去にはあります。知り得る限りではこれらの利益を保護するべきと認めた判例はないものと思われます。

そうすると反射的利益は全く無視していいのでしょうか。

37

道路工事などにおいて店舗が見えなくなるような場合が考えられますが、その状態を回避することが可能であるにもかかわらず行わなかった場合には、反射的利益の問題になるかどうか以前に損害賠償が認められる可能性もあるのではないでしょうか。。

コラム　反射的利益について最高裁まで争われた事例

「道路に面した店舗で、小売業（タバコ販売及び日用品、雑貨、食料品等）を営んでいた原告らが、本件工事の結果、別にアンダーパスの道路が新設されたため売上げが激減し、営業廃止を余儀なくされたたとして、得べかりし利益の賠償ないし補償を求めた事例」

東京地裁（昭59年3月7日）、東京高裁（昭59年12月26日）、最高裁（昭60年6月27日）

①**損害賠償**：原告らが、道路に面した場所において店舗を構え、商売を続け利益を上げることができたのは、道路が公衆の一般的利用に供されていることの反射的利益を受けていたものにすぎないものと考えられる。したがって本件立体交差工事による踏切の閉鎖によって、交通量が減少し、ひいては原告の経営する小売業の売り上げが減少し営業を廃止せざるを得なくなったとしても、それは右の反射的利益の喪失にすぎないものというべき

②**損失補償請求**：一般に私有財産が公共の利益のために侵害された場合であっても、それが社会的に見て当然受忍すべき限度内のものであれば、損失補償を要する特別の犠牲に当たらないというべき…
本件立体交差工事が、公共の利益にかなうものであることはいうまでもなく、また原告らが損失として主張する営業利益なるものは道路が、公衆の一般的利用に供されていることの反射的利益にすぎないものであるから、原告らは右損失をもって憲法29条3項の補償の対象となる特別の犠牲に当たるものということはとうていできない。

第2部

ざっくり道路法
（条文をＱ＆Ａ形式で解説）

第2部では、道路法の条文ごとにQ＆A方式で見ていきます。第2部の目次は下記のとおりですが、これは道路法の法律文に記載している「章・節」とほぼ同じになっています。

第1章　総則（1条～4条）
第2章　一般国道等の意義並びに路線の指定及び認定（5条～11条）
第3章　道路管理者（12条～28条）
第4章　道路の構造（29条、30条）
第5章　道路の占用（32条～41条）
第6章　道路の保全等（42条～47条の16）
第7章　道路の立体的区域（47条の17～48条）
第8章　自動車専用道路（48条の2～10）
第9章　重要物流道路（48条の17～19）
第10章　歩行者利便増進道路（48条の20～29）
第11章　特定車両停留施設（48条の30～36）
第12章　利便施設協定（48条の37～39）
第13章　道路協力団体（48条の60～65）
第14章　道路に関する費用、収入及び公用負担（49条～70条）
第15章　監督（71条～78条）
第16章　雑則（85条～98条の2）

　個々の解説部分では、なるべく根拠となる条文をそのまま載せるようにしています。これは慣れない人にとっては、条文がどこにあるか探すだけでも一苦労なので、その時間を短縮することが目的です。
　また、道路法を指す場合は「道路法第○○条第△項第◇号」とは書かずに、単に「○条△項◇号」と表記しています。他の法律や施行令を指す場合は法律名や政令であることを明記しています。
　また、引用条文も、読みやすくするため条文の番号をアラビア数字

40

に直したり、下線を付加したり、読みにくくなる（　）を自由に外したりしていますので、正確な条文が必要な場合は法令総覧やe-GOV（法令検索）などを利用して下さい。

高山市内の町並み

第1章

総則（1条〜4条）

道路法の目的（1条）

Q1
道路法の目的と用語の定義について教えてください。（道路法はなんのための法律ですか？）

A

（この法律の目的）

第1条 この法律は、道路網の整備を図るため、道路に関して、路線の指定及び認定、管理、構造、保全、費用の負担区分等に関する事項を定め、もつて交通の発達に寄与し、公共の福祉を増進することを目的とする。

目的だけ読んでも具体的によくわかりませんね。

実務上は1条を意識して仕事をすることはあまりありません。1条の理解としては、道路法は道路管理事務に必要な「路線認定」、「区域決定」、「供用開始」、「道路管理者」、「道路占用」、「承認工事」、「原因者負担金」などの道路管理に関する重要なルールが定められているとの紹介であるとの理解で大丈夫です。

第 1 章　総則（1 条〜4 条）

道路と道路附属物（2 条、3 条）

Q2
道路法における道路の定義について教えてください。また、「道路附属物」という言葉も聞いたことがあるのですが、どのようなものなのでしょうか？

A

（用語の定義）
第 2 条　この法律において「道路」とは、一般交通の用に供する道で次条各号に掲げるものをいい、トンネル、橋、渡船施設、道路用エレベーター等道路と一体となつてその効用を全うする施設又は工作物及び道路の附属物で当該道路に附属して設けられているものを含むものとする。

（道路の種類）
第 3 条　道路の種類は、左に掲げるものとする。
　一　高速自動車国道
　二　一般国道
　三　都道府県道
　四　市町村道

　このように 3 条に定める種類の道路を道路法による道路といいます。3 条には高速自動車国道、一般国道、都道府県道、市町村道が定められていますが、この内容については後で説明します。
　また、2 条中に「道路の附属物」という言葉が出ましたが、これがどういうものかは、2 条 2 項に定められています。

第２条第２項　この法律において「道路の附属物」とは、道路の構造の保全、安全かつ円滑な道路の交通の確保その他道路の管理上必要な施設又は工作物で、次に掲げるものをいう。

一　道路上の柵又は駒止め

二　道路上の並木又は街灯で第18条第１項に規定する道路管理者の設けるもの

三　道路標識、道路元標又は里程標

四　道路情報管理施設

五　自動運行補助施設で道路上に又は道路の路面下に第18条第１項に規定する道路管理者が設けるもの

六　道路に接する道路の維持又は修繕に用いる機械、器具又は材料の常置場

七　自動車駐車場又は自転車駐車場で道路上に、又は道路に接して第18条第１項に規定する道路管理者が設けるもの

八　特定車両停留施設

九　共同溝の整備等に関する特別措置法第３条第１項の規定による共同溝整備道路又は電線共同溝の整備等に関する特別措置法第４条第２項に規定する電線共同溝整備道路に第18条第１項に規定する道路管理者の設ける共同溝又は電線共同溝

十　前各号に掲げるものを除くほか、政令で定めるもの

（括弧は外してあります）

　以上が法律に定める道路附属物ですが、10号に書かれているように政令で定められているものもあります。

　政令では次のように定められています。

第1章　総則（1条〜4条）

道路法施行令

（道路の附属物）

第34条の3　法第2条第2項第10号の政令で定める道路の附属物は、次に掲げるものとする。

一　道路の防雪又は防砂のための施設

二　ベンチ又はその上屋で道路管理者又は法第17条第4項の規定による歩道の新設等若しくは法第48条の22第1項の規定による歩行者利便増進改築等を行う指定市以外の市町村が設けるもの

三　車両の運転者の視線を誘導するための施設

四　他の車両又は歩行者を確認するための鏡

五　地点標

六　道路の交通又は利用に係る料金の徴収施設

　以上に列挙されているものが道路附属物ですが、法律で規定されているものと政令で規定されているものの優劣はなく、すべて道路附属物になります。また、管理の仕方においても道路本体と道路附属物の違いはなく、2条1項にあるように「道路」は「道路附属物」を含むものとするとされ、どちらも道路管理者が管理すべきものとなります。

第2部

45

道路元標（施行令 34 条の 3）

Q3
道路附属物の中に「道路元標」というものがありますが、これはなんですか？

A 「道路元標」という言葉は東京の日本橋にあるものだと聞いたことがあるかもしれません。日本の道路の起点の目印として日本橋の路面に鉄製のプレート（道路元標）が埋め込まれています。（写真のレプリカが橋のたもとに設置されています。）

道路元標

しかし、この日本橋のものだけが道路元標というわけではなく、大正時代に制定された旧道路法の施行令に道路元標の定めがあります。

それによると、当時の国道、府県道の路線の起終点の位置を表示するため、道路元標は各市町村に1個置くこととされており、その位置は府県知事が定めることとされていましたが、東京の設置場所だけは「日本橋の中央」と規定されていました。

新道路法ではこれらの規定は削除され、道路附属物の中に「道路元標」という用語が残るだけになりました。今でも各地に道路元標が残っていますが、その法的な根拠はこの附属物としての規定のみになっています。

第1章 総則（1条〜4条）

高速自動車国道（3条の2）

Q4
3条の「高速自動車国道」というのは高速道路のことですか？

A 一般に「高速道路」とは、有料道路と自動車専用道路の両方を
イメージして呼ばれていると思います。少し詳しく言うと、高速道路
には、東名高速や名神高速などの「高速自動車国道」、首都高速や阪
神高速などの「都市高速道路」、地方道路公社が管理する「一般有料
道路」などに分けられます。しかし「都市高速道路」も「一般有料道路」
とも道路法に規定されている名称ではなく、道路法上の名称は元々の
都道府県道や市町村道（国道の場合もあります）の名称になります。

さらに一般に「有料道路」と呼ばれるものには上記のほか、第1部
で紹介しましたように、観光ハイウェイのような民営の道路もありま
す。また、「自動車専用道路」とは道路法の手続を経て自動車のみの
通行が認められる道路を指しますが、有料か無料かは条件ではありま
せん。

なかなか複雑で難しいところですので、ざっくり言うと「高速道路」
というのは通称であり、法律的には名称は細分化されるということに
なります。

> **（高速自動車国道）**
> **第3条の2** 高速自動車国道については、この法律に定めるもの
> のほか、別に法律で定める。

第2部

私権の制限（4条）

Q5
4条による私権の制限とはなんですか？

A 道路の敷地上に、いわゆる私権（地上権や賃借権など）が存在したとしても、その権利を行使することはできないという定めです。

> （私権の制限）
> **第4条** 道路を構成する敷地、支壁その他の物件については、私権を行使することができない。但し、所有権を移転し、又は抵当権を設定し、若しくは移転することを妨げない。

もっと知りたい！

　車や人が通行するために一般に供されているところで、仮にそのような権利が行使されたらどうなるでしょう。このようなことを避けるために4条が定められています。

　一方で、所有権の移転と抵当権の設定はなぜ許されるのかという疑問が生じると思います。これは道路の敷地が民有である場合に考えられることですが、このようなことがあっても道路の供用に影響がないためと考えられます。

　まれなケースとして、土地の上空に高圧線のための地上権などが設定されている場合で、その土地に道路区域決定がなされた場合に、その地上権は4条による私権の制限がかかり、行使することができなくなるようなことがあります。この例のような場合は、高圧線を占用物件に切り替えて、権利を設定し直す方法などが考えられます。

第1章　総則（1条〜4条）

　ここで注意しなければならないのは、この条文があるから道路管理者は必ずしも道路の権原（土地を使用する権利）を有していなくともよい、という誤解をしないことが大切です。道路としてその土地を公共の用に供している以上、道路管理者は所有権か何らかの権利（賃貸借や使用貸借など）を必ず取得する必要があります。

旧東海道の一部

Q6
4条が適用されない場合があると聞きましたが、どのような場合ですか？

 98条にその規定があります。

> **(不適用規定)**
> **第98条** 第4条の規定は、他の工作物について道路の路線が指定され、又は認定された場合においては、当該他の工作物については、適用しない。

この「他の工作物」とは20条に定める兼用工作物のことであり、「堤防、護岸、ダム、鉄道又は軌道用の橋、踏切道、駅前広場、その他公共の用に供する工作物又は施設」が先に存在して、後から道路の区域決定がなされた際には、その物件について4条の適用がないということです。

第1章　総則（1条〜4条）

> **コラム** **自転車法とは**
>
> 　道路法の体系と関係の深い法律として駐車場法や自転車法（「自転車の安全利用の促進及び自転車駐車場の整備に関する法律」）などがあります。
>
> 　その中でも自転車法は、自転車利用者の利便を増進することを目的として、昭和56年に施行された法律で、これに基づき各公共団体は条例を制定し、放置自転車の撤去と自転車駐車場の建設の両輪で取り組んできました。
>
> 　その成果として、ピーク時の昭和56年に約100万台あった放置自転車の数が、令和3年では約3万台まで減少する大きな成果があらわれています。
>
> 　そのほかこの法律では、鉄道事業者や施設設置者の自転車等駐車場に関する努力義務、自転車等駐車場の構造及び設備の基準の策定、自転車製造業者の責務などが定められています。

第2部

第2章

一般国道等の意義並びに
路線の指定及び認定（5条～11条）

一般国道（5条）

> **Q1**
> 一般国道とはどのようなものですか?

A 「一般国道」は、5条に基づき政令でその路線を指定しています。

（一般国道の意義及びその路線の指定）

第5条 第3条第2号の一般国道（以下「国道」という。）とは、高速自動車国道と併せて全国的な幹線道路網を構成し、かつ、次の各号のいずれかに該当する道路で、政令でその路線を指定したものをいう。

一　国土を縦断し、横断し、又は循環して、都道府県庁所在地（北海道の支庁所在地を含む。）その他政治上、経済上又は文化上特に重要な都市（以下「重要都市」という。）を連絡する道路

二　重要都市又は人口十万以上の市と高速自動車国道又は前号に規定する国道とを連絡する道路

三　二以上の市を連絡して高速自動車国道又は第1号に規定する国道に達する道路

四　港湾法第2条第2項に規定する国際戦略港湾若しくは国際拠点港湾若しくは同法附則第2項に規定する港湾、重要な飛行場又は国際観光上重要な地と高速自動車国道又は第1号に規定する国道とを連絡する道路

> 五　国土の総合的な開発又は利用上特別の建設又は整備を必要
> とする都市と高速自動車国道又は第1号に規定する国道とを
> 連絡する道路
> 2　前項の規定による政令においては、路線名、起点、終点、重
> 要な経過地その他路線について必要な事項を明らかにしなけれ
> ばならない。

　1号により指定された路線は国道の中でも基幹的な路線になり、国土を縦断・横断・循環して都道府県庁所在地、重要都市間を相互に連絡する国道です。

　1号該当路線になると、その路線が2号～5号該当路線の終点となることができ、これにより1号該当路線を中心に国道のネットワークを形成することとなります。

　2号は、重要都市あるいは人口10万人以上の都市を起点とし、高速自動車国道か1号に該当する路線を終点とする国道です。この路線の1号該当路線との違いは、起点が10万人以上の都市であり、終点が高速自動車国道か1号該当路線の連結地点でよいため、必ずしも起点終点とも重要都市である必要はありません。

　3号は、起点が市である必要はなく、起点、終点あるいは途中に2以上の市を連絡し、終点部が高速自動車国道か1号該当路線である路線です。

　4号は、重要な施設と高速自動車国道又は1号該当路線を結ぶ道路です。重要な施設とは「港湾」、「空港」、「重要な観光地」などです。

　5号は総合的な開発区域と幹線道路を結ぶ路線です。該当する路線は少数です。

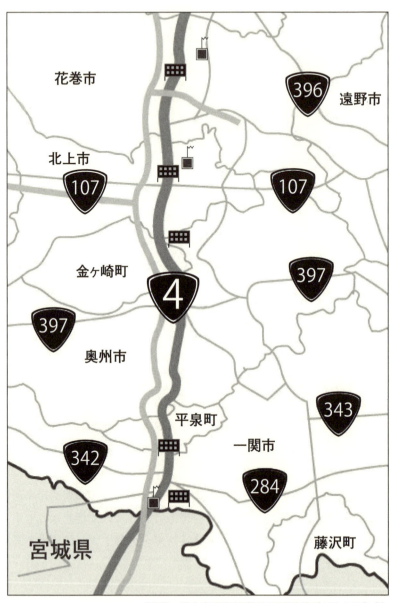

（出典：国土交通省岩手河川国道事務所 HP より作成）

第2章　一般国道等の意義並びに路線の指定及び認定（5条〜11条）

海上国道（5条）

Q2
「海上国道」という言葉を聞いたことがあるのですが、どういう意味なのでしょうか？

A 「海の上にも国道があります」と、よく雑学関係の本などで紹介されますが、物理的に海の上に道路があるわけではなく「道路法で指定された路線が法律的にあります」という感じになります。

どういう意味かというと、国道の路線指定は5条の要件に該当するものを、政令で起終点や重要な経過地を指定しますが、海の上を経由して国道の起終点を指定しているものがあります。これは海上区間をはさんで重要な交通の流れがあるということを意味しています。例えば58号の起点は鹿児島市で、西之表市や奄美市を経過地とし、終点は那覇市と指定されています。

その海上部分にはフェリーの運航区間がある場合がありますが、その運航が国道指定の要件になっているわけではありません。

まとめると、路線指定には海上に観念的に国道が存在することになりますが、18条の「区域決定」がされているわけではありませんので物理的な区間は存在しません。

第2部

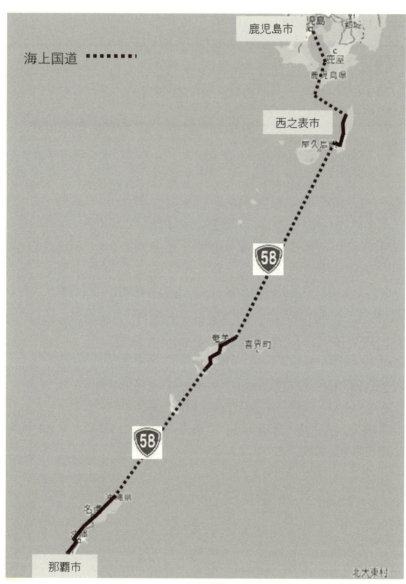

海上国道

第2章　一般国道等の意義並びに路線の指定及び認定（5条〜11条）

都道府県道（7条）

Q3

「都道府県道」となるにはどのような要件が必要なのでしょうか？
また、その手続はどうなるのですか？

A 「都道府県道」とは、都道府県知事が7条に基づき路線を認定
したものです。

（都道府県道の意義及びその路線の認定）

第7条　第3条第3号の都道府県道とは、地方的な幹線道路網を
　構成し、かつ、次の各号のいずれかに該当する道路で、都道府
　県知事が当該都道府県の区域内に存する部分につき、その路線
　を認定したものをいう。

一　市又は人口五千以上の町（以下これらを「主要地」という。）
　とこれらと密接な関係にある主要地、港湾法第2条第2項に
　規定する国際戦略港湾、国際拠点港湾、重要港湾若しくは地
　方港湾、漁港及び漁場の整備等に関する法律第5条に規定す
　る第二種漁港若しくは第三種漁港若しくは飛行場（以下これ
　らを「主要港」という。）、鉄道若しくは軌道の主要な停車場
　若しくは停留場（以下これらを「主要停車場」という。）又
　は主要な観光地とを連絡する道路

二　主要港とこれと密接な関係にある主要停車場又は主要な観
　光地とを連絡する道路

三　主要停車場とこれと密接な関係にある主要な観光地とを連
　絡する道路

四　二以上の市町村を経由する幹線で、これらの市町村とその
　沿線地方に密接な関係がある主要地、主要港又は主要停車場

第2部

とを連絡する道路

五　主要地、主要港、主要停車場又は主要な観光地とこれらと密接な関係にある高速自動車国道、国道又は前各号のいずれかに該当する都道府県道とを連絡する道路

六　前各号に掲げるもののほか、地方開発のため特に必要な道路

2　都道府県知事が前項の規定により路線を認定しようとする場合においては、あらかじめ当該都道府県の議会の議決を経なければならない。

（3項以下省略）

　都道府県道の路線認定については、都道府県道を認定する際に建設大臣の認可や協議が必要であったころの通知「都道府県道の路線認定基準等について」（最終改正：平成6年6月30日、建設省道政発第33号道路局長通知）が参考になります。

　「主要港」の基準、「地方開発路線」の考え方、路線の連絡方法の標準、路線の起終点の取り方、路線名の付け方などが記載されています。（『道路法令総覧』に掲載されています。）

第2章　一般国道等の意義並びに路線の指定及び認定（5条〜11条）

市町村道（8条）

Q4
「市町村道」はどのように路線認定されるのですか？基準はある
のですか？

A 「市町村道」とは、市町村の区域内に存する道路の中で市町村
長が路線認定をしたものです。議会の議決を経て路線認定されますが、
都道府県道のような法律上の要件の規定はありません。

> **（市町村道の意義及びその路線の認定）**
> **第8条**　第3条第4号の市町村道とは、市町村の区域内に存する
> 　道路で、市町村長がその路線を認定したものをいう。
> 2　市町村長が前項の規定により路線を認定しようとする場合に
> 　おいては、あらかじめ当該市町村の議会の議決を経なければな
> 　らない。

（3項以下省略）

　市町村道は法律の基準が設けられていませんが、これは道路法の体
系の中で、最も生活に密着した道路であることから、各市町村の自主
性に任せることにしたものと考えられます。
　管理の実務面では、いわゆる生活道路と呼ばれるものが多く、幹線
道路の管理とは違った苦労が多いものと思われます。

第2部

59

路線認定の公示（9条）

Q5
路線認定の公示とはなんですか？公示をした場合にはどのような効果があるのでしょうか？

A 7条及び8条において認定した都道府県道と市町村道について、9条に路線認定の公示に関する規定があります。

（路線の認定の公示）
第9条 都道府県知事又は市町村長は、第7条又は前条の規定により路線を認定した場合においては、その路線名、起点、終点、重要な経過地その他必要な事項を、国土交通省令で定めるところにより、公示しなければならない。

道路法施行規則

（路線の認定等の公示）
第1条の2 道路法第9条の規定による路線の認定又は法第10条第3項において準用する法第9条の規定による路線の廃止若しくは変更の公示は、それぞれ別記様式第一、第二又は第三により、行うものとする。
2 都道府県知事又は市町村長は、前項の公示をする場合においては、都道府県道については縮尺五万分の一、市町村道については縮尺一万分の一程度の図面に当該路線を明示し、都道府県又は市町村の事務所において一般の縦覧に供しなければならない。ただし、市街地その他特に必要があると認められる部分については、別に拡大図を備えなければならない。

（別記様式後掲）

第2章　一般国道等の意義並びに路線の指定及び認定（5条〜11条）

　このように9条において「公示しなければならない」と定められていますので、公示しなければ路線の認定自体が無効になると解釈されています。

　また、9条において規定する公示とは、単に路線の認定の事実を一般に知らしめるという意味で、公示をする場合の手続は、施行規則（省令）に定められています。

　図面の縮尺も5万分の1、1万分の1と大きく、道路の詳細な範囲がわかるものではありませんので、「路線の認定」とは、路線を特定する行為で「起点と重要な経過地と終点を結んだ路線のおおまかな姿が決まった段階」との表現が適当かもしれません。

第2部

様式第一（第一条関係）

、、、都（道、府、県、市、町、村）告示第　　号

道路法（昭和二十七年法律第百八十号）第七条（第八条）の規定に基き、都（道、府、県、市、町、村）道の路線を次のように認定する。

その関係図面は、、、、において一般の縦覧に供する。

　　年　月　日

都道府県知事（市町村長）

整理番号	路　線　名	起点終点	重要な経過地

様式第二（第一条関係）

、、、都（道、府、県、市、町、村）告示第　　号

道路法（昭和二十七年法律第百八十号）第十条第一項の規定に基き、次の都（道、府、県、市、町、村）道の路線を廃止する。

その関係図面は、、、、において一般の縦覧に供する。

　　年　月　日

都道府県知事（市町村長）

整理番号	路　線　名	起点終点	重要な経過地

様式第三（第一条関係）

、、、都（道、府、県、市、町、村）告示第　　号

道路法（昭和二十七年法律第百八十号）第十条第二項の規定に基き、次のように都（道、府、県、市、町、村）道の路線を変更する。

その関係図面は、、、、において一般の縦覧に供する。

　　年　月　日

都道府県知事（市町村長）

整理番号	旧新別	路　線　名	起点終点	重要な経過地

註　重要な経過地の旧欄中変更部分には側線を附し、新欄には変更した事項のみを記載すること。

第2章　一般国道等の意義並びに路線の指定及び認定（5条〜11条）

路線の廃止（10条）

Q6
路線の廃止と変更について教えてください。

A 10条では都道府県道と市町村道についてのみ規定されています。これは国道の廃止は政令の変更により行われるためです。

（路線の廃止又は変更）

第10条　都道府県知事又は市町村長は、都道府県道又は市町村道について、一般交通の用に供する必要がなくなつたと認める場合においては、当該路線の全部又は一部を廃止することができる。路線が重複する場合においても、同様とする。

2　都道府県知事又は市町村長は、路線の全部又は一部を廃止し、これに代わるべき路線を認定しようとする場合においては、これらの手続に代えて、路線を変更することができる。

（3項省略）

10条1項によれば、廃止の条件は「一般交通の用に供する必要がなくなつたと認める場合」と「路線が重複する場合」と規定されていますが、前者は実務的にはまれなことでしょう。

2項は「路線の変更」について規定しています。「路線の変更」とは、例えば、もともとA地点とB地点を結ぶ県道AB線が存在する場合において、工事などにより、路線の終点をB地点からC地点に変更した場合には、認定の方法として、県道AB線を一旦廃止して県道AC線を新たに認定する方法が考えられますが、この廃止・認定に代えて県道AB線を県道AC線に変更することができるというものです。

これらの手続については、「路線認定、区域決定及び供用開始等の取扱について」という通知文書がありますが、18条のところで詳しく説明します。

63

路線の重複（11条）

> ### Q7
> 路線の重複とはなんですか？

A 「路線の重複」とは、二つ以上の異なる道路管理者の「道路（路線）」が同一平面上において、縦に重なる場合あるいは、交差する場合をいいます。

（路線が重複する場合の措置）

第11条 国道の路線と都道府県道又は市町村道の路線とが重複する場合においては、その重複する道路の部分については、国道に関する規定を適用する。

2 都道府県道の路線と市町村道の路線とが重複する場合においては、その重複する道路の部分については、都道府県道に関する規定を適用する。

3 他の道路の路線と重複するように路線を指定し、認定し、若しくは変更しようとする者又は他の道路の路線と重複している路線について路線を廃止し、若しくは変更しようとする者は、現に当該道路の路線を認定している者に、あらかじめその旨を通知しなければならない。

11条では重複の定義は記されておらず、重複した場合の効果が定められており、いわゆる「上位路線」の規定が適用されると定められています。

重複の具体的な例としては、国道1号と国道20号の起点付近の例があります。両路線とも東京の日本橋を起点とし、1号は大阪まで、20号は山梨県を経由して塩尻までの路線ですが、起点の日本橋から

第2章 一般国道等の意義並びに路線の指定及び認定（5条〜11条）

霞が関(桜田門)までは同一の路線であり、霞が関で1号は左(五反田方面)へ、20号は直進（新宿方面）に枝分かれします。その枝分かれするまでの区間を「重複区間」と呼んでいるのです。
　同様に、国道と都道府県道や市町村道が重複している場合もありますが、その際は、上位路線である国道に関する規定が適用されます。

桜田門

　ちなみに延長をカウントするときは、下位側の路線においては、重複区間を含んだものを「総延長」、重複部分を除いたものを「実延長」と呼んでいます。

第3章

道路管理者（12条～28条）

一般国道（12条、13条）

Q1

国道の建設や管理は誰が行うのですか？指定区間内と指定区間外の意味と経緯を教えてください。

A 国道の新設・改築についての規定は12条に定められています。

（国道の新設又は改築）

第12条 国道の新設又は改築は、国土交通大臣が行う。ただし、工事の規模が小であるものその他政令で定める特別の事情により都道府県がその工事を施行することが適当であると認められるものについては、その工事に係る路線の部分の存する都道府県が行う。

🔍 もっと知りたい！ 👉

12条を読むと、実務を少しでも経験した方なら「おかしいな」と思うかもしれません。国道の管理について、「指定区間内は国、それ以外は都道府県・政令指定市」ということをご存じであればこの条文は違和感があるでしょう。

まず12条ですが、これは原則として国道の新設、改築は国が行うという考えなのですが、すべて国が行うことは事実上不可能であることから、そのために定められた「昭和39年附則」が今でも大きな意味を持ちます。

66

第3章　道路管理者（12条～28条）

附　則（昭和39年7月9日法律第163号）抄
（経過規定）
2　この法律の施行の際現に存するこの法律による改正前の道路
　法（以下「改正前の法」という。）の規定による一級国道又は
　二級国道は、この法律による改正後の道路法（以下「改正後の
　法」という。）の規定による一般国道となる。
3　国土交通大臣は、改正後の法第12条の規定にかかわらず、
　当分の間、一般国道（この法律の施行の際改正前の法の規定に
　よる一級国道であつたものを除く。）の新設又は改築でその行
　うべきものを、当該新設又は改築に係る一般国道の部分の存す
　る都道府県又は指定市が行うこととすることができる。この場
　合においては、道路法第17条第9項の規定を準用する。

第2部

　このように、附則2項で旧一級国道と二級国道が法律改正後はその
まま一般国道となるということを定め、次に附則3項で、当分の間、
旧一級国道を除いて「一般国道の新設又は改築でその行うべきもの」
を「都道府県又は指定市が行うこととすることができる。」としました。
この「当分の間」が現在でも続いています。次に13条を見てみましょ
う。

（国道の維持、修繕その他の管理）
第13条　前条に規定するものを除くほか、国道の維持、修繕、
　公共土木施設災害復旧事業費国庫負担法の規定の適用を受ける
　災害復旧事業（以下「災害復旧」という。）その他の管理は、
　政令で指定する区間（以下「指定区間」という。）内につい
　ては国土交通大臣が行い、その他の部分については都道府県がそ
　の路線の当該都道府県の区域内に存する部分について行う。

> 2　国土交通大臣は、政令で定めるところにより、指定区間内の国道の維持、修繕及び災害復旧以外の管理を当該部分の存する都道府県又は指定市が行うこととすることができる。

　ここで初めて「指定区間」という用語が出てきます。この「政令で指定する区間」の「政令」が「一般国道の指定区間を指定する政令」であり、これに基づいて維持管理を行うことになります。

　ここで、『道路法令総覧』に国道表のような政令がなぜ二つあるのか、と疑問を持たれた方もいるかもしれませんが、一つは「一般国道の路線を指定する政令」であり、もう一つが「一般国道の指定区間を指定する政令」となります。

　前者が一般国道すべての起終点などを決めるための政令、後者はその中で国が管理を行う区間を定めるための政令、ということになります。（コラム参照）

68

第3章　道路管理者（12条～28条）

コラム　一般国道の路線を指定する政令、指定区間政令の読み方

　かなりマニアックですが、下記のとおりとされています。

　重要な経過地の地名を載せるか載せないかの考え方は、①市はすべて書く。（市の後に（　）書きがあるものは、同じ市内に2本以上の国道がある場合にそれらを区別するために地名を表記しているものです。）②町村を表記している場合は他の国道と交差しているとき、とされています。ですが厳密に見てみると必ずしもその考え方どおりになっていないものも少しあります。

　次に「一般国道の指定区間を指定する政令（指定区間政令）」の書き方ですが、まず、路線を指定する政令より地名の表示が詳細であることに気が付くと思います。これは実際の管理区間を具体的に定めるため、交差する他の道路と明確に区別できるよう地番まで表示しています。ちなみにこの地番は、管理区分の境界地点において「起点から終点に向かって左側の道路区域に接する土地の地番」を表示しています。「接する土地」として道路の外の地番を表示しているのは、昔は道路内の土地が「官有無番地」であることが多かったためなどと言われています。

　次にこの表の読み方ですが、いわゆる「除外区間」がある路線があります。「除外区間」とは、路線の中で一部直轄管理を行わない区間で、表記の仕方が二通りあります。一つは1号、2号のように、路線の起点から終点までを全部一旦指定区間として表示し、除外する部分を（　）書きで表記しているものです。この例としてはバイパス建設により新道部分を直轄管理とし、旧道をその番号を残しつつ都道府県や市町村の管理とする元一級国道に多い表記です。

　もう一つは○○から××まで及び△△から□□までという方式です。その例として101号の書き方がありますが、これは指定区間が54区間に分かれていることを意味します。このような書き方は元二級国道と昇格国道に多く見られます。

第2部

69

指定区間(施行規則1条の2)

Q2
どのような区間が指定区間とされているのですか?

 道路法施行規則の1条の3に以下のとおり定められています。

道路法施行規則

(一般国道の指定区間を指定する政令の制定又は改廃の立案の基準)
第1条の3 国土交通大臣は、法第13条第1項の政令の制定又は改廃については、北海道の区域内に存する一般国道の区間及び次の各号のいずれかに該当する一般国道の区間が当該政令で指定されるようその立案を行うものとする。
一 高速自動車国道と一体となつて全国的な自動車交通網を構成する自動車専用道路である一般国道の区間
二 国土を縦断し、横断し、又は循環して、都道府県庁所在地その他政治上、経済上又は文化上特に重要な都市を効率的かつ効果的に連絡する一般国道の区間
三 港湾法第2条第2項に規定する国際戦略港湾若しくは国際拠点港湾若しくは同法附則第2項に規定する港湾又は重要な飛行場と高速自動車国道又は前二号のいずれかに規定する一般国道の区間とを効率的かつ効果的に連絡する一般国道の区間
2 国土交通大臣は、前項の政令の制定又は改廃の立案をしようとするときは、あらかじめ、関係都道府県(当該立案に係る一般国道の区間が法第7条第3項に規定する指定市の区域内に存するときは、当該指定市)の意見を聴くものとする。

第3章　道路管理者（12条〜28条）

　前述のとおり「指定区間」とは、国が管理する国道の区間ですが、指定区間の基本的な考え方は、平成11年7月29日に出された道路審議会「直轄管理区間の指定基準に関する答申（国土交通省のHPに掲載）」に記載されています。

　ポイントとしては、

① 　高規格幹線道の整備・管理は国の責務として整理

② 　国家的な見地から重要な拠点を効果的かつ効率的に連絡する最小限の枢要なネットワークの考えのもと、国が管理する区間（指定区間）が決められています。

二十二号	名古屋市熱田区神宮二丁目千百十九番から岐阜市茜部新所一丁目二十三番まで
二十三号	豊橋市東細谷町字境川二十三番二から伊勢市宇治今在家町字作楽百二十番まで（豊橋市西浜町九番一から蒲郡市大塚町南向山十五番三及び愛知県額田郡幸田町大字須美字西迫三番五を経て同町大字須美字牛ノ松三十番一までを除く。）
二十四号	京都市下京区烏丸通五条下る大阪町三百七十一番二から和歌山小松原通一丁目二番まで
二十五号	四日市市大字塩浜字八幡百十七番の一から大阪市浪速区難波中一丁目六番五まで（亀山市関町新所字権現千四百二十七番の一から伊賀市新堂字中出三百十三番二、奈良県山辺郡山添村大字大字横畑百七十番二、同村大字三ケ谷字矢ノ上千六百五十八番二、同村大字切幡字馬谷百六十二番六、奈良市上深川町七百九十二番一、同市小倉町千百十九番一、同市小倉町一番三、同市針町三千二百三十番一、同市針町三千八百九十一番一、天理市福住町字カウカニ千百三十二番一及び同市苣原町字嶋田千二百十八番二を経て同市川原城町字川向六百五番までを除く。）
二十六号	大阪市浪速区難波中一丁目六番五から和歌山市小松原通一丁目二番まで
二十七号	敦賀市樋の水町十二番一から京都府船井郡京丹波町蒲生八ツ谷四十六番十三まで
二十八号	神戸市長田区梅ケ香町二丁目四十三番から徳島市かちどき橋一丁目一番一まで（明石市中崎二丁目九十五番一から淡路市岩屋字片浜千四百四十四番六十まで及び南あわじ市福良字築地町甲千五百三十番十一から鳴門市撫養町大桑島字濘岩浜五十三番五までを除く。）
二十九号	姫路市太市中字境谷九百八番一から鳥取市秋里字籔ケ土手千百三十六番一まで
三十号	岡山市北区表町三丁目十九番百一から高松市中新町十一番まで（玉野市築港一丁目七千三百五十二番十一から高松市北浜町六番二までを除く。）
三十一号	広島県安芸郡海田町南堀川町千三百十五番三から呉市本通二丁目十五番まで
三十二号	高松市中新町十一番から高知市本町五丁目百四十四番まで
三十三号	高知市本町五丁目百四十四番から松山市二番町四丁目七番二まで
三十四号	鳥栖市永吉町字本川七百十八の一番から長崎市江戸町二番まで
三十五号	武雄市武雄町大字武雄字永松五千八百三十六番の一から佐世保市八幡町五十一番二まで
四十一号	名古屋市東区泉二丁目二千七百四番から富山市金泉寺六十五番の一まで
四十二号	浜松市西区篠原町字札木前一万七千九十八番一から和歌山市小松原通一丁目二番まで（湖西市新居町浜名字西千木千八百九十番五から同市白須賀字宿南千五百六十番一を経て伊勢市通町字真孤原八十二番二を除く。）
四十三号	大阪市西成区出城一丁目一番から神戸市葦屋区岩屋南町三番まで
四十五号	仙台市青葉区本町三丁目九番二から青森市長島二丁目十番二まで
四十六号	盛岡市津志田十五地割二十七番十二から秋田市川尻町字川反二百三十三番まで
四十七号	仙台市宮城野区日の出町二丁目三番二十七から酒田市東町二丁目二番二まで
四十八号	仙台市青葉区大町二丁目十三番十二から山形市飯田西町四百四十一番まで
四十九号	いわき市常磐上矢田町沼平二十三番一から新潟市中央区明石二丁目七十八番一まで
五十号	前橋市本町一丁目一番の一から水戸市三の丸一丁目十二番まで
五十一号	千葉市中央区中央一丁目六番十から水戸市三の丸一丁目十二番まで
五十二号	静岡市清水区興津中町字弁天前六百二十二番一から甲府市丸の内二丁目六百三番まで

指定区間政令の一部

71

区域決定（18条）

Q3
区域の決定とはなんですか？どのような効果があるのですか？

A 18条は、道路管理の実務担当者にとって重要な条文であり、1項で「区域決定」、2項で「供用開始」が定められています。

また、この18条ではじめて「道路管理者」の定義がされています。

> **（道路の区域の決定及び供用の開始等）**
> **第18条** 第12条、第13条第1項若しくは第3項、第15条、第16条又は前条第1項から第3項までの規定によつて道路を管理する者（指定区間内の国道にあつては国土交通大臣、指定区間外の国道にあつては都道府県。以下「道路管理者」という。）は、路線が指定され、又は路線の認定若しくは変更が公示された場合においては、遅滞なく、道路の区域を決定して、国土交通省令で定めるところにより、これを公示し、かつ、これを表示した図面を関係地方整備局若しくは北海道開発局又は関係都道府県若しくは市町村の事務所（以下「道路管理者の事務所」という。）において一般の縦覧に供しなければならない。道路の区域を変更した場合においても、同様とする。

これが「道路区域決定」の根拠条文となります。

「区域決定」の意味を言い換えるとすると「路線認定された道路の物理的な区域を定め、道路法が適用される範囲を対外的に明確にする行為」と言えます。

路線の指定・認定は、官報や公報で「起点」、「終点」及び「重要な経過地」を示しますが、区域決定は通常千分の一以上の図面に道路の

幅を示しますので、明確に道路がどこに建設されるのかが明らかになります。詳しくは施行規則（省令）の2条に以下のとおり定められています。

道路法施行規則

（道路の区域の決定等の公示）

第2条 法第18条第1項の規定による道路の区域の決定又は変更の公示は、次に掲げる事項について行うものとし、同項の規定による図面は、縮尺千分の一以上のものを用いるものとする。

一　道路の種類

二　路線名

三　次のイ、ロ又はハに掲げる場合の区分に応じそれぞれイ、ロ又はハに定める事項

　　イ　区域の決定の場合（ロに掲げる場合を除く。）　敷地の幅員及びその延長

　　ロ　法第47条の17第1項の規定により立体的区域とする区域の決定の場合　イに掲げる事項並びに当該立体的区域とする区間及びその延長

　　ハ　区域の変更の場合　変更の区間並びに当該区間に係る変更前の敷地の幅員及びその延長並びに変更後の敷地の幅員及びその延長

四　区域を表示した図面を縦覧する場所及び期間

　この区域決定は道路建設のプロセスの中のどの時点で行うべきなのでしょう。法律上は「遅滞なく」とされているだけで路線認定以降であればいつでもできることになります。道路用地の取得が完了していない時点でも可能です。

　区域決定すれば、その部分は91条により道路予定地(道路予定区域)

となり、土地の利用などについて制限がかかるため、道路建設をスムーズに進めるためには、用地取得前に区域決定を行うことが効果的であると考えられます。

道路予定区域（イメージ）

> **コラム** **用地取得の実務経験者からのひとこと**
>
> 　道路区域の決定をしていないため補償問題が解決せず、土地収用法の手続まで行った事例があります。これは道路予定地であることを認識した上で当該地に苗木を密植した者に対し、「本件植栽はもっぱら補償の増額を目的としたものであり、損失補償制度の趣旨・目的に反し、信義則にも反する権利の濫用であることは明らかである。」として補償を認めませんでした。
> 　（平成16年1月宮崎県収用委員会の事例）

第3章　道路管理者（12条〜28条）

供用開始（18条2項、施行規則3条）

Q4
供用の開始とはなんですか？どのような効果があるのですか？

A 18条2項に定められた手続ですが、わかりやすく言うと、「完成した道路を今日から一般開放します、誰でも使えます。」ということをお知らせするという意味で、以下のように規定されるとともに、詳細については施行規則（省令）第3条に規定されています。

（道路の区域の決定及び供用の開始等）

第18条2項　道路管理者は、道路の供用を開始し、又は廃止しようとする場合においては、国土交通省令で定めるところにより、その旨を公示し、かつ、これを表示した図面を道路管理者の事務所において一般の縦覧に供しなければならない。ただし、既存の道路について、その路線と重複して路線が指定され、認定され、又は変更された場合においては、その重複する道路の部分については、既に供用の開始があつたものとみなし、供用開始の公示をすることを要しない。

道路法施行規則

（道路の供用の開始等の公示）

第3条　法第18条第2項の規定による道路の供用の開始又は廃止の公示は、左に掲げる事項について行うものとし、同項の規定による図面は、一般国道（以下「国道」という。）及び都道府県道については縮尺五万分の一、市町村道については縮尺一万分の一程度のものを用いるものとする。

一　路線名

第2部

> 二　供用開始又は廃止の区間
> 三　供用開始又は廃止の期日
> 四　供用開始又は廃止の区間を表示した図面を縦覧する場所及び期間

　上記のように、区域決定に比べて供用開始に係る図面の縮尺は供用の区間が分かればよいので小さくなっています。

工事中の首都高横浜北西線

第 3 章　道路管理者（12 条〜 28 条）

路線認定、区域決定の実務上の取扱要領
（昭和 29 年 11 月 17 日建設省道発第 416 号）

Q5

「路線認定、区域決定及び供用開始等の取扱について」という通知文書について教えてください。

A　この通知は昭和 29 年に発出された古い通知ですが、路線認定などの手続について詳しく説明されています。これを読むと道路法の手続の理解が進むと思われますので、項目ごとに少し詳しく説明することとします。

　なにぶん古い通知ですので現在では適切ではない書き方の部分もありますが、ガイドラインや参考と考えて理解すればよいと思います。

　（通知本文は長文ですので掲載は省略しますが、下記を読めばだいたいの意味は分かるかと思います。本文は『道路法令総覧』や国土交通省 HP などを参照してください）

　この通知には 13 の項目があります。

「1　路線の変更と区域の変更について」

　この部分は三つのことが記されています。

①　道路の付け替えなどにより、起点、終点、重要な経過地のいずれかを公示上変更しなければならない場合は「路線の変更」として扱い、公示事項を変更しなくてもよい場合は「区域の変更」として扱うべき。

②　路線認定を行う際の公示の地名表示は、路線の持つべき性格を決定する要素であるときは詳細に記すべき。

③　一方、旧法時代などに字名や地番まで記されているもので、路線の性格決定要素とは言えないものは適当な機会に削除すべき。

77

「2 路線の変更と路線の認定、廃止について」

　以下のような場合は路線の変更ではなく、旧路線の廃止＋新路線の認定の手続によるべきであるというものです。

①　起点又は終点、又はその両方を変更する場合（路線の性格が変わるため）

②　二以上の路線を合体して一つの路線とする場合、又はその逆（〃）

　ただし①の場合、起点又は終点の地名が認定上重要な意味がない場合、例えば主要地Ａから一般国道に取り付く位置が変わるような場合は、その路線に取り付くことが重要であり、その地名地点を表示することが重要ではなく、路線の性格が変わるものとは言えないため、変更の手続で足りることになります。

「3 路線の一部の認定、変更又は廃止について」

　路線はその全体に認定された目的があり、以下の場合を除き、原則として一部の変更や廃止することができず、旧路線の廃止＋新路線の認定を行うべきであるというものです。

①　10条第2項による廃止と認定を同時に行う場合に替わる変更。（10条第2項は一部認定と一部廃止を一般的に認めるものではない。）

②　路線の根本目的を変更しない範囲での一部廃止、変更。

③　二以上の都道府県にわたる路線において、一の都道府県内で行う路線の認定、変更、廃止。

「4 二以上の都道府県の区域にわたる都道府県道の路線の認定、変更又は廃止について」

　都道府県境をまたがる都道府県道の公示方法などについて下記のことを示しています。

①　またがる都道府県道はその全体で路線としての意味をなすのであ

78

第3章　道路管理者（12条〜28条）

るから、各都道府県における公示は起点や終点の片方は空欄になり、他の都道府県の分は備考欄に参考で書くべきである。

② 上記のような場合は両県の認定があってはじめて都道府県道になるのであるから、認定日は打ち合わせて両県同じ日にするべきである。

③ 上記のことは路線の変更、廃止でも同じであるが、単一県内における路線の変更、廃止については単独でなし得るものであり、その場合は相手に通知すれば足りる。

「5　地名の変更等に伴う路線認定の公示内容の変更について」

地名に変更があった場合等の公示方法を示しています。

① 路線の実体に変更がない「行政区画の変更」などの場合は路線変更などの手続は要せず、単に公示内容を変更又は訂正すれば足りる。

② 何らかの理由により、起点を終点にひっくり返すような場合、路線名を変更する場合も同様である。

「6　路線認定の認可内容が申請の内容と異なる場合について」

この部分については、現在は認可制度はなくなっているので省略します。

「7　道路の付け替えの場合における路線変更又は区域変更の取扱について」

これはいわゆる「ダブル路線」の場合の手続を示したものです。県道の付け替え工事を行う際、迂回路に村道を利用する場合はその村道に県道の道路区域をかけて県道の規定が適用されるようにします。

この際、元の県道部分の供用も廃止するわけではありませんので、路線は「ダブル」の状態になります。その後工事が完了したら「シングル」に戻すという方法になります。

79

「8　局部的な区域の変更について」

　これは区域変更の範囲が小さくても公示を省略することはできない、という当然の話です。

　文章で変更を表しにくいときは図面などをもってわかるようにしなければならないというものです。

「9　路線の変更又は廃止及び区域の変更並びに供用の廃止の取扱について」

　路線の変更・廃止を行い、道路区域でなくなった部分についてはあらためて区域の廃止や供用の廃止の手続は不必要である、ということと、路線の一部の変更・廃止を行った場合は廃止される道路の区域が明らかではないので供用廃止の公示が必要であるということです。

　続いて、区域変更により道路が廃止される場合も供用廃止の手続をとることなく関係図面を整理することで足りるとされています。また、後半で「区域の廃止」という法律上予定されていない手続をどうするかについて詳しく述べられています。

　したがって、道路の一部を「廃道」にする手続としては、18条に基づく「供用の廃止」を行うケースと、変更後の道路区域が存在しないという区域変更の手続が考えられます。どちらもこの通知によれば可能という理解になると思いますが、供用の廃止の方が明瞭かもしれません。

「10　供用開始の取扱について」

　これは、何らかの理由により道路区域の一部を供用開始する場合は公示においてその区域を明らかにするように、という意味です。これは本線の供用開始後何年か経って駐車帯や歩道の設置が行われる場合は、その部分のみを供用開始するケースが該当します。

第3章　道路管理者（12条～28条）

「11　二以上の路線が重複する場合の法の規定の適用について」

　これは路線が重複している場合、一方の路線の廃止などをしても重複している他の路線に効果は及ぼさないことから、上位の道路に隠れている道路管理者もその路線の認定や区域決定などを行うことができる、ということと、11条4項の重複の通知を行う時期について、路線の認定時には路線の具体的位置が不明であることから、実務上区域決定又は変更の際に通知を行うべきであると述べています。

「12　他の路線と重複して路線を認定した場合の区域決定等の取扱について」

　18条2項の但し書きにおいて「既存の道路に重複して路線認定などを行った場合は改めて供用開始手続を要しない」とされていますが、この12において、道路の重複が生ずるのは路線認定時ではなく区域決定時であるから、18条2項但し書きの適用は区域決定時であるということと、既存の道路に重複して路線認定をしても区域決定が必要であるということに加え、既存の道路の範囲を超えて区域決定をする場合はその部分について供用開始の公示が必要であることを意味しています。

「13　重複路線の一つが変更又は廃止される場合の取扱について」

　これは重複している路線で上位路線が廃止された場合の話です。上位路線が廃止されれば下位路線が浮かび上がってくるわけですが、その浮かび上がる路線についてはあらためて供用開始の公示は必要ないことと、その路線の区域決定がなされていなければ当該道路は不用物件になってしまうことを意味しています。

第2部

81

共用管理施設（19条の２）

Q6
共用管理施設とはなんですか？具体的にはどんなものがあるのですか？

A 例えば、一般道路と高架道路の二階建て道路になっている部分において、一般道路からの騒音を軽減するために高架道路の裏面に取り付けられた裏面吸音板など、一方の道路に存在するが他の道路の効果のために存するもの、あるいは両方の道路のために効用を持つ施設が19条の２に定める共用管理施設に当たります。

> **（共用管理施設の管理）**
> **第19条の２** 道路交通騒音により生ずる障害の防止又は軽減、道路の排水その他の道路の管理のための施設又は工作物で、当該道路と隣接し、又は近接する他の道路から発生する道路交通騒音により生ずる障害の防止又は軽減、当該他の道路の排水その他の当該他の道路の管理に資するもの（第54条の２第１項において「共用管理施設」という。）の管理については、当該道路の道路管理者及び当該他の道路の道路管理者（以下この条及び第54条の２において「共用管理施設関係道路管理者」という。）は、第13条第１項及び第３項並びに第15条から第17条までの規定にかかわらず、協議して別にその管理の方法を定めることができる。

例とした「裏面吸音板」とは、一般道路部分のための装置ですが、装置そのものは高架道路部分の裏面に取り付けられているため、高架道路の管理者が管理するか占用物件として扱うのかの整理が必要にな

82

ります。

　それでは道路管理者どうしで許可を与える立場になるなど合理的ではないことも多いため、両管理者が協議してその管理の方法を定めることができるものとされています。

高架部の裏面に吸音パネルを設置することで、平面街路部からの騒音を吸収し、反射音を低減

（出典：国土交通省中国整備局HP）

兼用工作物（20条）

> ### Q7
> 兼用工作物とはなんですか？具体的にはどんなものがあるのですか？

A 兼用工作物の一番わかりやすい例は「堤防道路」です。堤防の頂上部分が道路になっているところはご覧になったことがあると思います。

その場合、その箇所は堤防としての機能と道路としての機能を兼ね備えているため「兼用工作物」と呼ばれています。

下記に条文を示しますが、わかりやすくするため（　）を外してあります。

（兼用工作物の管理）

第20条 道路と堤防、護岸、ダム、鉄道又は軌道用の橋、踏切道、駅前広場その他公共の用に供する工作物又は施設とが相互に効用を兼ねる場合においては、当該道路の道路管理者及び他の工作物の管理者は、当該道路及び他の工作物の管理については、第13条第1項及び第3項並びに第15条から第17条までの規定にかかわらず、協議して別にその管理の方法を定めることができる。ただし、他の工作物の管理者が私人である場合においては、道路については、道路に関する工事及び維持以外の管理を行わせることができない。

簡単に言うと、堤防の上に道路法上の道路が存する場合は、道路管理者と河川管理者が協議をして管理方法を定めることができる、ということです。

第3章　道路管理者（12条〜28条）

　これは公共物どうしでどちらの法律が優先するか問題になるのを避けるために協議することとされているものです。

兼用工作物（イメージ）

原因者施行命令（22条、58条）

Q8
車両の単独事故によりガードレールが壊されました。事故を起こした原因者に工事を施行させる方法と道路管理者において工事を実施してその費用を負担させる方法のどちらがよいのでしょうか？

A 問のように、道路施設が損傷された場合の対応方法として、22条による「原因者施行命令」と58条の「原因者負担金命令」の2通りの方法があり、道路管理者によってどちらかの手法で行われていると思います。

どちらが正解ということはなく、両方とも可能な方法です。また、案件によって同じ道路管理者でもその双方を使い分けることも可能です。

（工事原因者に対する工事施行命令等）

第22条 道路管理者は、道路に関する工事以外の工事（以下「他の工事」という。）により必要を生じた道路に関する工事又は道路を損傷し、若しくは汚損した行為若しくは道路の補強、拡幅その他道路の構造の現状を変更する必要を生じさせた行為（以下「他の行為」という。）により必要を生じた道路に関する工事又は道路の維持を当該工事の執行者又は行為者に施行させることができる。

（原因者負担金）

第58条 道路管理者は、他の工事又は他の行為により必要を生じた道路に関する工事又は道路の維持の費用については、その

第3章　道路管理者（12条〜28条）

> 必要を生じた限度において、他の工事又は他の行為につき費用を負担する者にその全部又は一部を負担させるものとする。

もっと知りたい！☞

　22条は「できる」であり、58条は「させるものとする」との違いがあります。工事については原因者ができるものとできないものがありますが、必要となった費用負担については、必ず「させるものとする」になっているという理解でよろしいのではないでしょうか。

　前述しましたように、施行命令と費用負担命令のどちらが正しいという基準はありませんが、しいて言えば、交通量が多い道路で、損傷部分を原因者が工事を施行するまでそのままにしておくことが危険な箇所などは58条を適用し、速やかに道路管理者が復旧工事を施行して費用負担を求めるのが妥当かと思われます。

　負担金の取扱いなどは58条の項（174ページ）で詳しく解説します。

第2部

承認工事（24条、施行令3条）

Q9
沿道の土地から道路に出入りしたいときに、歩道の段差を切り下げることはできるのですか？（承認工事とはなんですか？）

A 24条の規定は、「24条工事」や「承認工事」と言われており、実務では必ず必要となる条文です。

> **（道路管理者以外の者の行う工事）**
> **第24条** 道路管理者以外の者は、第12条、第13条第3項、第17条第4項若しくは第6項から第8項まで、第19条から第22条の2まで、第48条の19第1項又は第48条の22第1項の規定による場合のほか、道路に関する工事の設計及び実施計画について道路管理者の承認を受けて道路に関する工事又は道路の維持を行うことができる。ただし、道路の維持で政令で定める軽易なものについては、道路管理者の承認を受けることを要しない。

　「道路管理者以外の者」が「道路管理者の承認を受けて道路に関する工事」を「行うことができる」とされていることから「承認工事」と呼ばれています。

　質問のケースは、自分の土地から道路に車両で出入りするため、歩道を切り下げたい申請者が、道路管理者に対して工事の承認を求め、道路管理上支障がない場合は承認され、申請者の費用で道路（歩道）の工事を行うことになります。

　また、地元の要望に基づき、路面をカラー舗装などにしたい場

合などもこの条項に基づいて手続をすることがあります。
　なお、24条ただし書きの「軽易なもの」は施行令（政令）3条に定められています。

道路法施行令

（道路管理者以外の者の行う軽易な道路の維持）
第3条　法第24条但書に規定する道路の維持で政令で定める軽易なものは、道路の損傷を防止するために必要な砂利又は土砂の局部的補充その他道路の構造に影響を与えない道路の維持とする。

乗り入れ口（イメージ）

有料道路（25条）

> # Q10
> 有料道路の仕組みを簡単に教えてください。（道路整備特別措置法と道路法25条の関係を教えてください。）

A いわゆる「有料道路」と呼ばれるものには色々あります。「いろいろな道路」のところで説明しましたように、道路法上の道路ではない有料道路もあります。

　道路法上の有料道路には、25条の規定による有料の橋又は渡船施設として供用する方法のほかに、道路整備特別措置法に基づく場合があります。

　25条の規定は、下記のとおり地方公共団体の道路管理者が橋又は渡船施設を整備する際にその整備管理を行うため、通行料金を徴収する権限を定めたものです。

　一方、「道路整備特別措置法」とは、道路法上の道路において高速道路会社や高速道路保有・債務返済機構が整備・管理を行うため、あるいは地方道路公社や地方公共団体の道路管理者が整備・管理を行うため通行料金を徴収する権限を定めたものです。ここでは制度の詳しい説明は省略します。

　現在の有料道路でこの25条に基づいて運用されているものはごくわずかであると思われます。

（有料の橋又は渡船施設）

第25条　都道府県又は市町村である道路管理者は、都道府県道又は市町村道について、橋又は渡船施設の新設又は改築に要する費用の全部又は一部を償還するために、一定の期間を限り、当該橋の通行者又は当該渡船施設の利用者から、その通行者又

第3章　道路管理者（12条〜28条）

は利用者が受ける利益を超えない範囲内において、条例で定めるところにより、料金を徴収することができる。

2　前項に規定する橋又は渡船施設は、左の各号に該当するものでなければならない。

一　その通行又は利用の範囲が地域的に限定されたものであること。

二　その通行者又は利用者がその通行又は利用に因り著しく利益を受けるものであること。

三　その新設又は改築に要する費用の全額を地方債以外の財源をもつて支弁することが著しく困難なものであること。

（3項以下省略）

コラム **高規格幹線道路とは**

　国土総合開発法に基づき、住宅、都市、道路等の社会資本整備のあり方などを長期的に方向付ける「全国総合開発計画」が1962年（昭和37年）より約10年ごとに策定されてきました。

　昭和62年6月30日に閣議決定された「第四次全国総合開発計画」（いわゆる「四全総」）において、地方中枢・中核都市、地域の発展の核となる地方都市及びその周辺地域等から概ね1時間程度で利用可能となる高速道路網をおよそ1万4,000kmで形成するとされました。これが高規格幹線道路（網）の始まりです。

権限代行（12条、13条、27条、施行令4条）

Q11
本来の道路管理者に代わって他の道路管理者が道路を建設・管理することがあるのですか？

A 本来の道路管理者に代わって道路工事や管理を行うことの規定が27条にあり、「権限代行」と呼ばれています。

　　　注意が必要なのは、27条は道路管理者権限の代行の根拠であって、あくまで工事代行の根拠は12条、13条3項や17条になります。（道路法以外の法律にも道路管理者の権限代行の規定があります）

　　　権限代行の根拠の条文を以下に示し、どのような権限が代行されるかは政令に定められていますので、詳しく知りたい場合は施行令（政令）を参照してください。

（国道の新設又は改築）
第12条　国道の新設又は改築は、国土交通大臣が行う。ただし、工事の規模が小であるものその他政令で定める特別の事情により都道府県がその工事を施行することが適当であると認められるものについては、その工事に係る路線の部分の存する都道府県が行う。

（国道の維持、修繕その他の管理）
第13条　前条に規定するものを除くほか、国道の維持、修繕、公共土木施設災害復旧事業費国庫負担法の規定の適用を受ける災害復旧事業（以下「災害復旧」という。）その他の管理は、

政令で指定する区間（以下「指定区間」という。）内について
は国土交通大臣が行い、その他の部分については都道府県がそ
の路線の当該都道府県の区域内に存する部分について行う。

2　国土交通大臣は、政令で定めるところにより、指定区間内の
国道の維持、修繕及び災害復旧以外の管理を当該部分の存する
都道府県又は指定市が行うこととすることができる。

3　国土交通大臣は、工事が高度の技術を要する場合、高度の機
械力を使用して実施することが適当であると認める場合又は都
道府県の区域の境界に係る場合においては、都道府県に代わつ
て自ら指定区間外の国道の災害復旧に関する工事を行うことが
できる。この場合においては、国土交通大臣は、あらかじめそ
の旨を当該都道府県に通知しなければならない。

（道路管理者の権限の代行）

第27条　国土交通大臣は、第12条本文の規定により指定区間外
の国道の新設若しくは改築を行う場合又は第13条第３項の規
定により指定区間外の国道の災害復旧に関する工事を行う場合
においては、政令で定めるところにより、当該指定区間外の国
道の道路管理者に代わつてその権限を行うものとする。

2　指定市以外の市町村は、第17条第４項の規定により歩道の
新設等を行う場合においては、政令で定めるところにより、当
該道路の道路管理者に代わつてその権限を行うものとする。

（３項以下省略）

道路法施行令

（道路管理者の権限の代行）

第４条　法第27条第１項の規定により国土交通大臣が道路管理
者に代わつて行う権限は、次に掲げるものとする。

一　法第18条第1項の規定により道路の区域を決定し、又は変更すること。

二　法第19条の2第1項又は第20条第1項の規定により災害復旧に関する工事の施行について協議すること。

三　法第21条又は第22条第1項の規定により道路に関する工事を施行させること。

四　法第23条第1項の規定により他の工事を施行すること。

五　法第24条本文の規定により道路に関する工事を行うことを承認し、及び法第87条第1項の規定により当該承認に必要な条件を付すること。

六　法第32条第1項又は第3項（これらの規定を法第91条第2項において準用する場合を含む。）の規定による許可を与え、及び法第87条第1項（法第91条第2項において準用する場合を含む。）の規定により当該許可に必要な条件を付すること。

（7～47　省略）

第3章 道路管理者（12条〜28条）

> **コラム** **全国初の修繕代行事業（権限代行）**

　本文でも説明していますが「権限代行」とは、本来道路管理者に代わって道路の工事等を行うことですが、はじめて道路管理の事務を行う方などは、なぜこのような規定が必要なの？と疑問に思う方もいらっしゃると思います。
　そこで、一事例として全国で初めて修繕代行事業（権限代行）で実施した「大渡ダム大橋」について照会させていただきます。
　この大渡ダム大橋は、ダム建設に伴う補償工事として当時の建設省四国地方建設局が瀬戸大橋建設の試行として単純補剛トラス吊橋を採用し建設した橋長444mの橋梁と聞いています。昭和58年に完成した後に高知県仁淀川町に引き渡し、町が本来道路管理者として管理していましたが、特に吊橋部分について30年ほど経過した時に補修が必要となりましたが、当該橋梁の補修は高度な技術力と知識が求められたことから技術者のいない仁淀川町自ら実施することは不可能でした。そこで仁淀川町は、この課題を解決するため全国で初めて道路法17条6項に基づき国土交通省へ権限代行の要請を行い「国による修繕代行」の補修工事が実現しました。
　この修繕代行以外にも、権限代行制度はこれまで数次の法改正により災害復旧など様々あります。特に市町村等の小さな自治体においては、技術面はもちろんのこと財政面等、様々な課題があると思いますので、このような制度を活用することも重要だと思います。

（出典：国土交通省四国地方整備局土佐国道事務所HP）

第2部

道路台帳（28条、国有財産法32条、38条、国有財産法施行令22条の2）

> ### Q12
> 道路台帳はなんのためにあるのですか？

A 「道路台帳」とは、28条の規定より、道路管理者が調整し保管している道路の調書（台帳）や図面のことで、道路の区域や道路施設の現況、占用物件の状況等を把握するための資料です。その詳細については施行規則4条の2に定められており、様式については別記様式第4に定められています。

　また、道路である国有財産については、国有財産法32条の規定に基づく国有財産台帳の対象とはならないとされているところも重要な点です（国有財産法38条等）。

（道路台帳）

第28条　道路管理者は、その管理する道路の台帳（以下本条において「道路台帳」という。）を調製し、これを保管しなければならない。

2　道路台帳の記載事項その他その調製及び保管に関し必要な事項は、国土交通省令で定める。

3　道路管理者は、道路台帳の閲覧を求められた場合においては、これを拒むことができない。

国有財産法

（台帳）

第32条　衆議院、参議院、内閣（内閣府及びデジタル庁を除く。）、内閣府、デジタル庁、各省、最高裁判所及び会計検査院（以下

第3章　道路管理者（12条〜28条）

「各省各庁」という。）は、第3条の規定による国有財産の分類
及び種類に従い、その台帳を備えなければならない。ただし、
部局等の長において、国有財産に関する事務の一部を分掌する
ときは、その部局等ごとに備え、各省各庁には、その総括簿を
備えるものとする。

（適用除外）

第38条　本章の規定は、公共の用に供する財産で政令で定める
ものについては、適用しない。

国有財産法施行令

（台帳、報告書及び計算書に関する法の規定の適用除外）

第22条の2条　公共の用に供する財産で法第38条の規定により
法第四章の規定を適用しないものは、次に掲げるものとする。

　一　公共用財産のうち公園又は広場として公共の用に供し、又
　　は供するものと決定したもの以外のもの

　二　一般会計に属する普通財産のうち都道府県道又は市町村道
　　の用に供するため貸し付けたもの

第4章

道路の構造（29条、30条）

道路構造令（29条、30条）

> ## Q1
> 道路構造令とはなんですか？

A 「道路構造令」とは、29条及び30条の定めを受け、道路の安全性・円滑性を確保する観点から、最低限確保すべき一般的技術的基準を定めた政令です。この内容については技術的な項目が中心になりますので本書では省略します。代表的な解説書としては『道路構造令の解説と運用』（（公社）日本道路協会）があります。

（道路の構造の原則）

第29条 道路の構造は、当該道路の存する地域の地形、地質、気象その他の状況及び当該道路の交通状況を考慮し、通常の衝撃に対して安全なものであるとともに、安全かつ円滑な交通を確保することができるものでなければならない。

（道路の構造の基準）

第30条 高速自動車国道及び国道の構造の技術的基準は、次に掲げる事項について政令で定める。
　一　通行する自動車の種類に関する事項
　二　幅員
　三　建築限界
　四　線形
　五　視距

六　勾配^{こう}

七　路面

八　排水施設

九　交差又は接続

十　待避所

十一　横断歩道橋、さくその他安全な交通を確保するための施設

十二　橋その他政令で定める主要な工作物の自動車の荷重に対し必要な強度

十三　前各号に掲げるもののほか、高速自動車国道及び国道の構造について必要な事項

2　都道府県道及び市町村道の構造の技術的基準（前項第1号、第3号及び第12号に掲げる事項に係るものに限る。）は、政令で定める。

3　前項に規定するもののほか、都道府県道及び市町村道の構造の技術的基準は、政令で定める基準を参酌して、当該道路の道路管理者である地方公共団体の条例で定める。

第5章

道路の占用
（32条～41条）

Q1
道路占用許可の概要について教えてください。

A 「道路占用許可」とは、32条の規定により「道路に工作物、物件又は施設を設け、継続して道路を使用する場合」に必要となる許可のことです。

代表例は、電柱を道路上に設置するような場合で道路管理事務に関わる職員にとって重要な事務の一つとなります。

（道路の占用の許可）

第32条 道路に次の各号のいずれかに掲げる工作物、物件又は施設を設け、継続して道路を使用しようとする場合においては、道路管理者の許可を受けなければならない。

一 電柱、電線、変圧塔、郵便差出箱、公衆電話所、広告塔その他これらに類する工作物

二 水管、下水道管、ガス管その他これらに類する物件

三 鉄道、軌道、自動運行補助施設その他これらに類する施設

四 歩廊、雪よけその他これらに類する施設

五 地下街、地下室、通路、浄化槽その他これらに類する施設

六 露店、商品置場その他これらに類する施設

七 前各号に掲げるもののほか、道路の構造又は交通に支障を及ぼすおそれのある工作物、物件又は施設で政令で定めるもの

第5章　道路の占用（32条〜41条）

2　前項の許可を受けようとする者は、左の各号に掲げる事項を記載した申請書を道路管理者に提出しなければならない。

一　道路の占用（道路に前項各号の一に掲げる工作物、物件又は施設を設け、継続して道路を使用することをいう。以下同じ。）の目的

二　道路の占用の期間

三　道路の占用の場所

四　工作物、物件又は施設の構造

五　工事実施の方法

六　工事の時期

七　道路の復旧方法

3　第1項の規定による許可を受けた者（以下「道路占用者」という。）は、前項各号に掲げる事項を変更しようとする場合においては、その変更が道路の構造又は交通に支障を及ぼす虞のないと認められる軽易なもので政令で定めるものである場合を除く外、あらかじめ道路管理者の許可を受けなければならない。

4　第1項又は前項の規定による許可に係る行為が道路交通法第77条第1項の規定の適用を受けるものである場合においては、第2項の規定による申請書の提出は、当該地域を管轄する警察署長を経由して行なうことができる。この場合において、当該警察署長は、すみやかに当該申請書を道路管理者に送付しなければならない。

5　道路管理者は、第1項又は第3項の規定による許可を与えようとする場合において、当該許可に係る行為が道路交通法第77条第1項の規定の適用を受けるものであるときは、あらかじめ当該地域を管轄する警察署長に協議しなければならない。

第2部

32条は非常に重要な条文ですので、すべてを載せました。
　1項各号に記載されている物件又は施設が、道路を占用することができる物件として、限定列挙されています。（これ以外の物件でも各号に記載している物件又は施設に類推されるものであれば可能なものがあります。）、2項は道路占用許可申請書に記載する事項、3項は許可変更に関する規定、4項は道路交通法に基づく道路使用許可申請を提出する場合は道路占用許可申請を警察署に同時に提出できる規定（いわゆるワンストップ申請）、5項は道路使用許可を伴う場合は警察署との協議が必要な旨を規定しています。
　それぞれについては後の項目で説明します。

たくさんの電柱

第 5 章　道路の占用（32 条〜 41 条）

占用の基本的な考え方（33 条）

> # Q2
> 道路占用許可を行うに当たって基本的な考えとなるようなものは
> あるのでしょうか？

A　道路占用は特定の者が許可を受けて道路を特別に利用できる制
度ですのでいろいろなルールがあります。（33 条：条文は「無余地要
件」のところ（106 ページ）を参照してください。）

　道路占用許可を行うに際しての許可基準等をざっくりまとめると下
記の考え方によります。

① 　道路占用に係る物件が 32 条 1 項各号のいずれかに該当するも
　　のであること。
② 　道路の敷地外に余地がないためにやむを得ないものであるこ
　　と。
③ 　道路占用の期間、道路占用の場所、道路占用物件の構造等につ
　　いて政令で定める基準に適合するものであること。

　であり、中でも②は「無余地要件（後述）」と呼ばれ、道路占用物
件を設置するための土地が道路外になく、道路内に設置することがや
むを得ない場合に限り許可することができるとされています。
　また、上記①〜③の許可基準のほかに、次の三つの原則を十分に考
慮しなければならないとされています。

① 　公共性の原則：特定人の営利目的のための公共性のない道路占
　　用は原則として認めるべきではないこと。

② 計画性の原則：将来の道路計画や都市計画その他道路周辺の土地利用計画と調整されたものでなければならないこと。

③ 安全性の原則：道路の構造保全及び安全かつ円滑な交通の確保の面から、交通の安全を阻害する道路占用は認められないこと。

いろいろな占用物件

第5章 道路の占用（32条～41条）

道路占用物件の種類

Q3
道路占用許可が認められる物件にはどのようなものがありますか？

A どのような物件が道路占用許可を受けることができるかどうかについては、法律だけではなく、政令・省令などに記載されていますが、想定される物件すべてについて規定することは事実上不可能です。

よって、32条1項1号から6号には「その他これらに類する工作物」、7号には、「前各号に掲げるものを除く外、道路の構造又は交通に支障を及ぼす虞（おそれ）のある工作物、物件又は施設で政令で定めるもの」というように想定外の物件に対応が必要な場合に備えています。

また、時代の要請に伴い全く新しい物件が必要な場合、例えば最近では自動運転による移動サービスに対応する磁気マーカー等の場合には、7号に定める政令に順次追加し対応しており、国土交通省から運用方針の通知が発出されることもあります。

無余地要件（33条）

Q4
無余地要件とはなんですか？絶対的な条件なのですか？

A

> （道路の占用の許可基準）
> **第33条** 道路管理者は、道路の占用が前条第1項各号のいずれかに該当するものであつて道路の敷地外に余地がないためにやむを得ないものであり、かつ、同条第2項第2号から第7号までに掲げる事項について政令で定める基準に適合する場合に限り、同条第1項又は第3項の許可を与えることができる。

　いわゆる「無余地要件」の判断は実務上難しいところです。道路占用は道路本来の目的に支障を及ぼさない範囲で認められるものですが、物件の公益性などにより道路の外に余地があってもその用地費などを申請者が負担することによりその公益サービスの対価が高価になってしまうと社会全体の利益を損ねることにもなりかねないためです。

　具体的には「やむを得ないもの」の判断が難しくなるわけですが、利用者の利便や社会情勢など諸般の事情を踏まえて判断すべきでしょう。これについては下記のような通知が発出されていますので参考にしてください。

・「道路の占用に係る無余地性の基準等の取扱いについて」（平成30年3月26日付け事務連絡）
・「道路法の一部改正について」（平成19年10月19日付け道路局長

第 5 章　道路の占用（32 条〜 41 条）

通知）
・「道路法の一部改正について」（平成 19 年 10 月 19 日付け路政課長通知）
・「高架の道路の路面下及び道路予定区域の有効活用の推進について」（平成 21 年 1 月 26 日付け道路局長通知）
・「高架の道路の路面下及び道路予定区域の道路占用の取扱いについて」（平成 21 年 1 月 26 日付け路政課長通知）

将来の占用

（出典：国土交通省 HP）

道路占用許可基準

> ## Q5
> 各物件の許可基準を教えてください。

A 先ほどのＱ２のところで紹介した33条が「道路の占用の許可基準」となりますが、この条文だけで基準を網羅することはできませんので、各道路占用物件について法律、政令、省令、通知により基準が定められています。

実務を行う上では、『道路占用関係通達集』（ぎょうせい）を利用すると、各占用物件ごとに各通知が整理されていますので、これらを利用して各道路管理者において判断することが望ましいでしょう。

第5章 道路の占用（32条～41条）

道路占用許可に当たっての考え方

Q6
道路占用許可を行う際の基準や道路管理者の判断の考え方はどのようにすべきでしょうか？

A 道路占用許可は、道路管理者の「自由裁量」と言われています。「自由裁量」というと「道路管理者の考え方ひとつ」のようなイメージがありますが、物件の公共性・公益性、当該道路の構造、交通の状況、将来の道路計画、周辺の土地利用計画など多様な条件を踏まえて、各道路管理者が判断することとなります。

道路占用のイメージ
（出典：国土交通省北海道開発局HP）

コロナ特例

> ### Q7
> 2020 年のコロナ対策により路上の店舗営業について基準が緩和されたと聞きましたが、どのような内容でしょうか？

A 　令和 2 年に、我が国も新型コロナウイルス感染症の影響により経済活動に大きな打撃を受けました。

　国土交通省は、令和 2 年 6 月 5 日付けで、道路局長から各地方整備局長等あてに「新型コロナウイルス感染症の影響に対応するための沿道飲食店等の路上利用に伴う道路占用の取扱いについて」の通知を発出しました（地方公共団体には参考送付されています。）。

　この内容は、沿道飲食店等の支援の一環として、店内の「3 密」状態を避ける環境作りのため、テイクアウトメニューを店先で販売したり、テラス席を設置して営業したりする際に店舗前の歩道などを活用できるよう、道路占用許可の基本的考えである「無余地性の基準」を柔軟に取り扱うものとなっています。

　なお、このコロナ特例は、令和 5 年 3 月 31 日で終了し、経過措置を 6 か月設けて歩行者利便増進道路（ほこみち）制度へ移行しています。歩行者利便増進道路（ほこみち）については、48 条の 20 のところで説明します。

第 5 章　道路の占用（32 条〜 41 条）

道路空間のオープン化（各種通知、事務連絡等）

Q8
街の賑わいの創出のためなどに、道路占用許可基準が緩和されて
いることがあると聞きましたが、どのような内容でしょうか？

A　道路空間のオープン化に係る道路占用については関連する通知
等が発出され取扱いが整備されてきました。

○「路上イベントに伴う道路占用許可の適切な運用について」（平成
　16 年 3 月 31 日付け国道利第 40 号）

　この通知では、地方公共団体及び地域住民・団体等が一体となって
取り組む路上イベントに関する道路占用については、柔軟かつ弾力的
な判断を行うこととするという基本的な方針が示されています。

○「地域の活性化等に資する路上イベントに伴う道路占用の取扱いに
　ついて」（平成 17 年 3 月 17 日付け国道利第 28 号）

　この通知では、路上イベントに伴う道路占用申請の弾力化に向けた
措置が求められていることを基本としつつ、地域の活性化等に資する
路上イベントに伴う道路占用許可基準を定めています。

○「地域における公共的な取組みに要する費用への充当を目的とする
　広告物の道路占用の取扱いについて」（平成 20 年 3 月 25 日付け
　国道利第 22 号）

　この通知では、道路をとりまく環境の向上のための自主的な地域活

第2部

111

動や施設整備、地域の活性化や賑わいの創出等に寄与するものなどの取組に要する費用への充当を目的とする広告物の道路占用についての取扱いを定めました。

○「道路空間の有効活用に資する道路占用の取扱いについて」（平成28年3月31日付け事務連絡）

この通知では、「オープンカフェ」という用語が明記されています（おそらく初めて）。加えて、イベントの実施などは地域の活性化、賑わいの創出、民間のビジネスチャンスにもつながるものであり道路管理者としても支援していくべきであるとされています。

○「道を活用した地域活動の円滑化のためのガイドライン改訂版」（平成28年3月31日付け事務連絡）

このガイドラインには、地域活動には収益活動、非収益活動両方を含むこと、美化活動などの公益活動をあわせて実施することにより地域の合意形成が進みやすいこと、広告料収入の活用について、などが示されています。

○「都市再生特別措置法の一部を改正する法律の施行に伴う道路占用許可の取扱いについて」（平成23年10月20日付け国道利第22号）
○「国家戦略特別区域法の施行に伴う道路占用許可の取扱いについて」（平成26年4月1日付け国道利第38号）
○「中心市街地の活性化に関する法律の一部を改正する法律の施行に伴う道路占用許可の取扱いについて」（平成26年7月3日付け国道利第10号）

第5章　道路の占用（32条〜41条）

　これらの通知では、都市再生特別措置法、国家戦略特別区域法、中心市街地の活性化に関する法律の各法に規定される道路の占用基準の特例（占用特例）の運用と、占用特例を活用する場合の道路占用許可基準について定めています。占用特例とは、無余地性の基準を適用除外とすることができるなどの特例のことです。

○「道路の占用に係る無余地性の基準等の取扱いについて」（平成30年3月26日付け事務連絡）

　この通知は、占用特例を活用しない場合であっても、無余地性の基準の適用について道路管理者が判断する際に経済的な要素や利用者の利便等を含めた諸般の事情を考慮できるものであることを周知するため発出されたものです。また、通知発出に合わせて無余地性の基準の判断に当たり諸般の事情を考慮した事例が掲載されています。

第2部

113

高架下や道路予定地の占用
(平21年1月26日国道利第17号)

Q9
高架下や道路予定地に関する道路占用については許可の考え方が
異なるのですか?

A 　高架下と道路予定地の道路占用許可については、「高架の道路
の路面下及び道路予定区域の有効活用の推進について」(平成21年1
月26日国道利第17号)という通知が発出されています。

　その内容は、直接には交通の用に供していない高架下と道路予定区
域内の土地について、まちづくりや賑わいの創出等の観点から有効活
用が必要と認められる場合には、その暫定利用を含め一層の有効活用
を推進すべきとされています。

　高架下の道路占用においては、32条5号から7号までに掲げるも
ののうち、高架下に設けられその合理的な利用の観点から継続して使
用するにふさわしいと認められるもの(主に事務所、倉庫、駐車場、
公園などを想定)については、いわゆる無余地性の基準(Q4参照)
が除外されます。また道路予定地については、暫定的な利用として駐
車施設、広場、公園、仮設店舗、仮設展示場等が道路占用許可の対象
になるものとされています。

114

第5章　道路の占用（32条～41条）

協議占用（35条）

Q10
占用許可と占用協議の違いとはなんですか？

A 35条において、国の行う事業のために道路を占用する場合は、国が道路管理者と協議すれば足りるとされています。この協議は道路占用許可と同様の効果を有することはもちろんですが、国の事業といえども道路管理者の意に反して道路占用できるものではないため協議の規定がおかれています。

> **（国の行う道路の占用の特例）**
> **第35条**　国の行う事業のための道路の占用については、第32条第1項及び第3項の規定にかかわらず、国が道路管理者に協議し、その同意を得れば足りる。この場合において、同条第2項各号に掲げる事項及び第39条に規定する占用料に関する事項については、政令でその基準を定めることができる。

この「協議」については、35条に基づく国の事業だけではなく、道路法の特例により、協議によることができるものがいくつか（道路協力団体など）あります。

義務占用（36条）

> # Q11
> 義務占用とはなんですか？

A いわゆる「公益事業」といわれる水道、電気、ガス事業等の国民生活には欠かせないライフラインである道路占用物件については、その特性から36条において二つの特例が定められています。

まず1項において、これらの事業による道路の占用が多くを占めていること、かつ道路の構造又は交通に及ぼす影響が大きいことから、工事の調整を図るためあらかじめ工事計画書の提出を義務づけています。

また、2項において、これらの事業は国民生活に欠かせないライフラインであり公益性が極めて高いものであることから33条1項の規定に基づく政令で定める基準に適合するときは道路占用許可を行わなければならないとし、道路管理者に道路占用許可を義務付けていることから「義務占用」と、その対象となる物件を「義務占用物件」と呼んでいます。

（水道、電気、ガス事業等のための道路の占用の特例）

第36条 水道法、工業用水道事業法、下水道法、鉄道事業法若しくは全国新幹線鉄道整備法、ガス事業法、電気事業法又は電気通信事業法の規定に基づき、水管、下水道管、公衆の用に供する鉄道、ガス管又は電柱、電線若しくは公衆電話所を道路に設けようとする者は、第32条第1項又は第3項の規定による許可を受けようとする場合においては、これらの工事を実施しようとする日の一月前までに、あらかじめ当該工事の計画書を道路管理者に提出しておかなければならない。ただし、災害に

第5章　道路の占用（32条〜41条）

> よる復旧工事その他緊急を要する工事又は政令で定める軽易な工事を行う必要が生じた場合においては、この限りでない。
> 2　道路管理者は、前項の計画書に基づく工事のための道路の占用の許可の申請があつた場合において、当該申請に係る道路の占用が第33条第1項の規定に基づく政令で定める基準に適合するときは、第32条第1項又は第3項の規定による許可を与えなければならない。

（括弧は外してあります）

もっと知りたい！

　なお、36条には、33条に定められているような「道路の敷地外に余地がないためにやむを得ないものであり」の文言がなく、無余地要件が除外されているように思えますが、36条2項に「政令で定める基準に適合するとき」とされていますので、例えば施行令11条1号にあるように「道路の敷地外に当該場所に代わる適当な場所がなく、公益上やむを得ないと認められる場所であること。」などの基準があり、無余地要件は完全に除外されているものではありません。

　また、義務占用物件であっても道路管理者が工事の調整、交通の危険防止などのため必要な条件を付することは当然可能です。

　なお、法律上義務占用物件とされているものの他に、無線基地局、光アクセス装置、ガス小売事業者の設置するガス管、熱供給導管など運用上、義務占用物件に準じて取り扱うこととされているものがあります。

道路占用許可と道路使用許可
（32条4項・5項、道路交通法77条〜79条）

Q12
道路占用許可と道路使用許可の関係について教えてください。

A 道路交通法77条に基づく道路使用許可を受ける必要があるものとして、以下のような者が対象となります。

○ 道路において工事若しくは作業をしようとする者又は当該工事若しくは作業の請負人

○ 道路に石碑、銅像、広告板、アーチその他これらに類する工作物を設けようとする者

○ 場所を移動しないで、道路に露店、屋台店その他これらに類する店を出そうとする者

○ その他祭礼行為やロケーションを行おうとする者

これらの場合において物件を設置する場合には合わせて道路占用許可も必要となり、道路管理者と所轄警察署とで相互に協議して調整を図ることとなっています。（32条5項、道路交通法79条）

また、道路占用許可申請書の提出は所轄警察署長を、道路使用許可申請書の提出は道路管理者を経由して行うことができるものとされています。（32条4項、道路交通法78条2項）

占用制限（37条）

Q13
占用制限とはなんですか？

A 37条に基づき、交通が著しくふくそうする道路や歩行者の安全を図る必要がある場合、災害が発生した場合に被害の拡大を防ぐ目的などのために、あらかじめ区域を指定して道路占用を禁止又は制限することができることとされています。

> **（道路の占用の禁止又は制限区域等）**
> **第37条** 道路管理者は、次に掲げる場合においては、第33条、第35条及び前条第2項の規定にかかわらず、区域を指定して道路（第2号に掲げる場合にあっては、歩道の部分に限る。）の占用を禁止し、又は制限することができる。
> 一 交通が著しくふくそうする道路又は幅員が著しく狭い道路について車両の能率的な運行を図るために特に必要があると認める場合
> 二 幅員が著しく狭い歩道の部分について歩行者の安全かつ円滑な通行を図るために特に必要があると認める場合
> 三 災害が発生した場合における被害の拡大を防止するために特に必要があると認める場合

　　具体的には条文に記されているとおりですが、考え方としては占用物件の存在による事故の防止と災害の発生時に占用物件の倒壊などにより道路が塞がれ、救助活動の妨げになるようなことを防ぐことが目的です。従ってQ11で説明しました、いわゆる義務占用物件も禁止や制限の対象に含まれます。

また、これらを指定する場合には警察署長への協議を行い、指定する場合には公示を行う必要があります。

災害による電柱倒壊・折損の事例

（出典：国土交通省 HP）

第5章　道路の占用（32条～41条）

占用料（39条）

Q14
占用料について教えてください。

A 　占用許可を受けた場合、原則、占用料を支払う必要がありますが、39条1項によれば「道路管理者は、道路の占用につき占用料を徴収することができる。」とされています。

　占用料の額は39条2項により、指定区間内の国道については政令、その他の道路については道路管理者である地方公共団体の条例により定めることとなっています。

　なお、指定区間内の国道においては占用物件の性格等を考慮して減免措置をとっているものがありますが、各道路管理者においてもこれにならって減額や免除を行っているものがあります。（代表的な通知として、「道路法施行令及び開発道路に関する占用料等徴収規則に基づく占用料の減免措置等の取扱いについて令和2年6月5日付け国道利第6号」があります。）

　占用料の算定方法ですが定額物件と定率物件という考え方があります。定額物件とは、例えば、電柱、ガス管、看板等のように物件の単位ごとに1年当たり等の金額が定められている物件をいいます。定率物件とは占用面積から計算する物件であり、近傍類似の土地の時価に一定の率を乗じて求めています。

　（占用料　＝　占用面積　×　道路の価格　×　一定の使用料率(物件の性格により修正が加えられているものもあります。)）

第2部

（占用料の徴収）

第39条　道路管理者は、道路の占用につき占用料を徴収することができる。ただし、道路の占用が国の行う事業及び地方公共団体の行う事業で地方財政法（昭和23年法律第109号）第6条に規定する公営企業以外のものに係る場合においては、この限りでない。

2　前項の規定による占用料の額及び徴収方法は、道路管理者である地方公共団体の条例（指定区間内の国道にあつては、政令）で定める。但し、条例で定める場合においては、第35条に規定する事業及び全国にわたる事業で政令で定めるものに係るものについては、政令で定める基準の範囲をこえてはならない。

第 5 章　道路の占用（32 条〜41 条）

Q15
占用料の減額や免除について教えてください。

A 指定区間内の国道においては、占用物件の性格等を考慮して減免等を行っているものがあります。

一例として「道路の上空に設置されている電線類を撤去し道路の地下に埋設するために占用許可を受けて地中に設ける電線類及びこれらと一体不可分なもの（変圧器等の地上機器など）」などがあります。

詳しい内容は、令和2年6月5日付け国道利第6号通知に指定区間内の国道における減免内容が記されています。

無電柱の町並み

占用入札制度（39条の4）

> # Q16
> 占用入札を行う際の要件、内容を教えてください。

A 39条の2から39条の7までの規定により、いわゆる「占用入札制度」が定められています。

占用料の多寡等により占用者を選定する入札制度について」（平成27年3月27日国道利第21号）の通知の目的は、収益性を有する施設等（店舗、倉庫、太陽光発電設備など）については、占用希望者が競合することが予想されることから、入札を実施することで占用者の選定に当たっての手続の公平性、透明性を向上させるとともに、道路の適正な管理のための財源の確保につながる占用料収入の増収を図るためとされています。

また、道路管理者が適切であると認める場合は占用料の額の多寡だけではなく、その他の条件も評価の対象とした上で道路管理者にとって最も有利な者を落札者とすることができる総合評価占用入札も可能とされています。

（占用入札）

第39条の4 道路管理者は、入札占用計画を提出した者のうち、次の各号のいずれにも該当すると認めるものに対しては占用入札に参加することができる旨を、次の各号のいずれかに該当しないと認めるものに対しては占用入札に参加することができない旨を、それぞれ通知しなければならない。

一　当該入札占用計画が入札占用指針に照らし適切なものであること。

第5章 道路の占用（32条〜41条）

二　当該入札対象施設等のための道路の占用が第32条第2項第2号から第7号までに掲げる事項について第33条第1項の政令で定める基準に適合するものであること。
三　当該入札対象施設等のための道路の占用が道路の交通に著しい支障を及ぼすおそれが明らかなものでないこと。
四　その者が不正又は不誠実な行為をするおそれが明らかな者でないこと。

活用事例

占用入札事例

（出典：高速道路機構HP）

占用物件の管理義務（39条の8・9、72条の2）

> # Q17
> 法定化された占用物件の維持管理義務について概要を教えてください。

A 占用物件である水道管や下水道管の損傷に起因し、道路に水が噴き出したり、路面が陥没するなどの報道を見たことがある方も多いと思います。

近年、占用物件の老朽化によりそのような事故の発生傾向は高まってきており、それらを防止することは社会的な要請となっています。

これまでの道路法においては、占用者が占用物件の維持管理について義務を負うことは明記されていませんでした（常識的にはそれまででも当然のことですが）。

そこで平成30年に道路法が改正され、占用者の維持管理義務を明確化し（39条の8）、占用者がその義務に違反しているときは、道路管理者が必要な措置を命ずることができることとし（39条の9）、道路管理者は占用者に対し必要な報告をさせ、事務所等に立入検査を行うことができることとなりました（72条の2）。

（占用物件の管理）
第39条の8 道路占用者は、国土交通省令で定める基準に従い、道路の占用をしている工作物、物件又は施設（以下これらを「占用物件」という。）の維持管理をしなければならない。

（占用物件の維持管理に関する措置）
第39条の9 道路管理者は、道路占用者が前条の国土交通省令で定める基準に従つて占用物件の維持管理をしていないと認め

第5章　道路の占用（32条〜41条）

るときは、当該道路占用者に対し、その是正のため必要な措置
を講ずべきことを命ずることができる。

（報告及び立入検査）
第72条の2　道路管理者は、この法律（次項に規定する規定を
除く。）の施行に必要な限度において、国土交通省令で定める
ところにより、この法律若しくはこの法律に基づく命令の規定
による許可等を受けた者に対し、道路管理上必要な報告をさせ、
又はその職員に、当該許可等に係る行為若しくは工事に係る場
所若しくは当該許可等を受けた者の事務所その他の事業場に立
ち入り、当該許可等に係る行為若しくは工事の状況若しくは工
作物、帳簿、書類その他の物件を検査させることができる。

（関係通知）

○「道路法等の一部を改正する法律の施行について」（平成30年
9月28日付け国道利第20号、国道企第11号）

○「占用物件の維持管理義務に係る報告及び立入検査の実施につい
て」（平成30年9月28日付け国道利第22号、国道企第13号）

127

占用物件への添加（41条）

> # Q18
> 占用物件への添加とはなんですか？また二次占用とはなんでしょうか？

A 占用物件への添加とは、既に許可されている占用物件に新たな物件を付け足すことです。具体的な例としては、電柱に無線基地局などを付け足すものなどですが、この場合41条により付け足す物件は新たな道路の占用とみなされます。

理由としては、このような行為が無許可でできれば無秩序に占用物件が増えていくこととなり、その物件が道路管理に支障を及ぼすこととなるためです。

（添加物件に関する適用）

第41条 道路管理者以外の者が占用物件に関し新たに道路の構造又は交通に支障を及ぼす虞のある物件を添加しようとする行為は、本節の規定の適用については、新たな道路の占用とみなす。

また、実務上「二次占用」という言葉が使われますが、添加と同じ考えで支障ありません。

どんな形態が「添加」に当たるのかについては、既存占用物件に塗装を行うなどの道路管理に支障を及ぼす恐れのない行為は添加に含まれませんが、それ以外の道路管理に支障を及ぼす恐れのある場合は、新たな道路の占用とみなされます。

第 5 章 道路の占用（32 条〜41 条）

二次占用の例・広告看板なし（イメージ）

第6章

道路の保全等
（42条～ 47条の16）

維持修繕規定（42条、43条、施行令35条の2）

> ## Q1
> 42条と43条は当たり前のことを書いているような条文なのですが、どのように運用すべきなのでしょうか？

A 確かに42条、43条は常識的な条文ですが、それがゆえに大切な条文であると言えるでしょう。

42条1項は、道路管理者の管理義務を明定しており、更に2項において具体的な基準について施行令（政令）35条の2に委任しています。

（道路の維持又は修繕）

第42条 道路管理者は、道路を常時良好な状態に保つように維持し、修繕し、もつて一般交通に支障を及ぼさないように努めなければならない。

2 道路の維持又は修繕に関する技術的基準その他必要な事項は、政令で定める。

3 前項の技術的基準は、道路の修繕を効率的に行うための点検に関する基準を含むものでなければならない。

130

第6章　道路の保全等（42条〜47条の16）

道路法施行令

（道路の維持又は修繕に関する技術的基準等）

第35条の2　法第42条第2項の政令で定める道路の維持又は修繕に関する技術的基準その他必要な事項は、次のとおりとする。

　一　道路の構造、交通状況又は維持若しくは修繕の状況、道路の存する地域の地形、地質又は気象の状況その他の状況（次号において「道路構造等」という。）を勘案して、適切な時期に、道路の巡視を行い、及び清掃、除草、除雪その他の道路の機能を維持するために必要な措置を講ずること。

　二　道路の点検は、トンネル、橋その他の道路を構成する施設若しくは工作物又は道路の附属物について、道路構造等を勘案して、適切な時期に、目視その他適切な方法により行うこと。

　三　前号の点検その他の方法により道路の損傷、腐食その他の劣化その他の異状があることを把握したときは、道路の効率的な維持及び修繕が図られるよう、必要な措置を講ずること。

　2　前項に規定するもののほか、道路の維持又は修繕に関する技術的基準その他必要な事項は、国土交通省令で定める。

　また、43条には道路本来の目的を確保するために一定の禁止行為が定められており、この禁止行為があったときは、71条1項の規定により監督権を行使して違法な状態を是正することとなりますが、実際の例でも道路に物件を放置し通行に危険を生じている場合など、この43条違反で刑事事件になった事例もあります。

（道路に関する禁止行為）

第43条　何人も道路に関し、左に掲げる行為をしてはならない。
一　みだりに道路を損傷し、又は汚損すること。
二　みだりに道路に土石、竹木等の物件をたい積し、その他道路の構造又は交通に支障を及ぼす虞のある行為をすること。

不法占用の例

（出典：国土交通省北海道開発局 HP）

第6章　道路の保全等（42条〜47条の16）

路上障害物（44条）

Q2
道路上に隣地からの枝が張り出している場合、道路管理者が取り得る措置はありますか？

A　まずは張り出している枝の（土地の）所有者に切除を要請するべきでしょう。要請の根拠としては、前問の43条2号になります。

また、民法の「相隣関係」の規定により切除を求めることも可能と考えられます。民法233条の1項で「隣地の竹木の枝が境界線を越えるときは、その竹木の所有者に、その枝を切除させることができる。」とされ、また2項では「隣地の竹木の根が境界線を越えるときは、その根を切り取ることができる。」と定められています。

この任意の切除依頼に応えていただけない場合は、行政代執行法に基づく代執行により、枝の切除などを強制的に行うことも可能ですが、44条3項、4項の規定により、沿道区域を指定した場合は、土地等の管理者に措置を命ずることもできます。

※神社からの枝の切除の事例として、『月刊誌「道路」2020年11月号』32ページに紹介記事があります。

（参照：公益社団法人日本道路協会HP）

> **（沿道区域における土地等の管理者の損害予防義務）**
> **第44条**　道路管理者は、道路の沿道の土地、竹木又は工作物が道路の構造に及ぼすべき損害を予防し、又は道路の交通に及ぼすべき危険を防止するため、道路に接続する区域を、条例（指定区間内の国道にあつては、政令）で定める基準に従い、<u>沿道区域として指定することができる</u>。ただし、道路の各一側につ

133

いて幅20メートルを超える区域を沿道区域として指定することはできない。

2　前項の規定による指定においては、当該指定に係る沿道区域及び次項の規定による措置の対象となる土地、竹木又は工作物を定めるものとし、道路管理者は、当該指定をしたときは、遅滞なくこれらの事項を公示するものとする。

3　沿道区域の区域内にある土地、竹木又は工作物（前項の規定により公示されたものに限る。以下この項及び次項において同じ。）の管理者は、その土地、竹木又は工作物が道路の構造に損害を及ぼし、又は交通に危険を及ぼすおそれがあると認められる場合においては、その損害又は危険を防止するための施設の設置その他その損害又は危険を防止するため必要な措置を講じなければならない。

4　道路管理者は、前項に規定する損害又は危険を防止するため特に必要があると認める場合においては、当該土地、竹木又は工作物の管理者に対して、同項に規定する施設の設置その他その損害又は危険を防止するため必要な措置を講ずべきことを命ずることができる。

（5項以下省略）

第6章　道路の保全等（42条〜47条の16）

違法放置等物件（44条の3、71条）

Q3
違法放置等物件の処理について、法律改正された内容について教えてください。

A 「違法放置物件」という用語は平成3年の道路法改正により使われている用語ですが、現在では平成28年の改正により「違法放置等物件」と呼ばれています。

　改正前の「違法放置物件」の定義は「道路を通行している車両から落下して道路に放置された当該車両の積載物その他の道路に放置された物件」とされていましたが、改正後の「違法放置等物件」の定義は「43条2号の規定に違反して、道路を通行している車両から落下して道路に放置された当該車両の積載物、道路に設置された看板その他の道路に放置され、又は設置された物件」とされています。

（違法放置等物件に対する措置）

第44条の3　道路管理者は、第43条第2号の規定に違反して、道路を通行している車両から落下して道路に放置された当該車両の積載物、道路に設置された看板その他の道路に放置され、又は設置された物件（以下この条において「違法放置等物件」という。）が、道路の構造に損害を及ぼし、若しくは交通に危険を及ぼし、又はそれらのおそれがあると認められる場合であって、次の各号のいずれかに該当するときは、当該違法放置等物件を自ら除去し、又はその命じた者若しくは委任した者に除去させることができる。

　一　当該違法放置等物件の占有者、所有者その他当該違法放置等物件について権原を有する者に対し第71条第1項の規定

により必要な措置をとることを命じた場合において、当該措置をとることを命ぜられた者が当該措置をとらないとき。
二　当該違法放置等物件の占有者等が現場にいないために、第71条第1項の規定により必要な措置をとることを命ずることができないとき。

（道路管理者等の監督処分）

第71条　道路管理者は、次の各号のいずれかに該当する者に対して、この法律若しくはこの法律に基づく命令の規定によつて与えた許可、承認若しくは認定を取り消し、その効力を停止し、若しくはその条件を変更し、又は行為若しくは工事の中止、道路に存する工作物その他の物件の改築、移転、除却若しくは当該工作物その他の物件により生ずべき損害を予防するために必要な施設をすること若しくは道路を原状に回復することを命ずることができる。
一　この法律若しくはこの法律に基づく命令の規定又はこれらの規定に基づく処分に違反している者
二　この法律又はこの法律に基づく命令の規定による許可又は承認に付した条件に違反している者
三　偽りその他不正な手段によりこの法律又はこの法律に基づく命令の規定による許可等を受けた者

（一部、括弧は外してあります）

　これらについて同条により、状況によっては道路管理者等が除去することが可能となりました。
　なお、実務に当たっての運用方針については、「道路法の一部改正について」（平成28年9月30日付け国道利第11号、第13号、事務連絡）が発出されており、物件の保管方法や売却方法などが解説され

第6章 道路の保全等（42条～47条の16）

ています。
（次の問に路上放置車両のフローチャートがあります。）

■ 不法占用の事例

【固定式物件】

突出看板

日除け

投光器

その他
（カーブミラー等）

【可動式物件】

立看板等　　のぼり旗　　はり紙

（屋外広告物法の簡易除却対象物件）

ショーケース　　店先の陳列商品等

露店

プランター　　ゴミ箱

コーン

不法占用の実態

（出典：国土交通省HP）

Q4 長期間放置されている車両は違法放置等物件になるのでしょうか？

A 「道路法の一部改正について」（平成28年9月30日付け国道利第13号）の第1の9に、「違法放置物件には車両（廃棄されているものと認められるものを除く。）は含まれない」とされています。

路上放置車両の処理方法については「交通上の障害となっている路上放置車両の処理方法について」（平成5年3月30日付け建設省道交発第25号）によるものとされています。

なお、廃棄されたと認められる車両について44条の3の措置を行おうとするときは、管轄の警察署長の意見を聴くものとすることとされています。

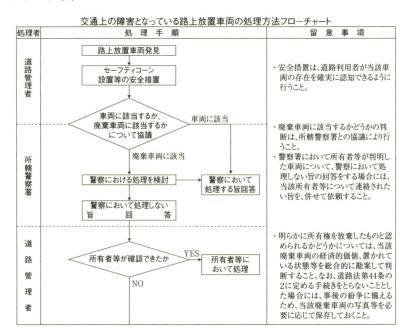

第6章 道路の保全等（42条～47条の16）

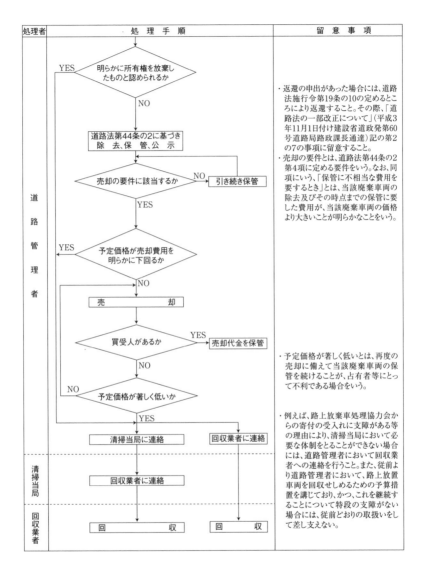

139

標識令（45条）

> # Q5
> 地元の自治会などから、標識令に定めのない標識や案内板をつけてほしいとの要望がありました。どのように対処すべきなのでしょうか？

A 　道路管理者が設置する道路標識、区画線については、45条に基づき定められた省令により設置されますが、この省令は、昭和35年に総理府令・建設省令として「道路標識、区画線及び道路標示に関する命令」（標識令）として定められています。総理府令（現在は「内閣府令」）ともされている理由は、警察が設置する標識もあるためです。

（道路標識等の設置）

第45条　道路管理者は、道路の構造を保全し、又は交通の安全と円滑を図るため、必要な場所に道路標識又は区画線を設けなければならない。

2　前項の道路標識及び区画線の種類、様式及び設置場所その他道路標識及び区画線に関し必要な事項は、内閣府令・国土交通省令で定める。

3　都道府県道又は市町村道に設ける道路標識のうち内閣府令・国土交通省令で定めるものの寸法は、前項の規定にかかわらず、同項の内閣府令・国土交通省令の定めるところを参酌して、当該都道府県道又は市町村道の道路管理者である地方公共団体の条例で定める。

標識令には「案内標識」、「警戒標識」、「規制標識」、「指示標識」が定められ、そのうち道路管理者が「案内標識」、「警戒標識」と「規制

第6章　道路の保全等（42条〜47条の16）

標識」のうち「危険物積載車両通行止め」、「最大幅」、「重量制限」、「高さ制限」及び「自動車専用」を表示するものを設置するとされています。その他に公安委員会が設置する規制標識が定められ、その他は道路管理者または公安委員会が設置するとされています。

　地元などからの要望として、著名地点の案内や、飛び出し注意の看板などの設置要望がなされることがあります。

　著名地点の標識については道路管理者が必要性を判断して、自ら設置するべきでしょうが、すべてを設置することができないのが実情と思われます。その場合、要望された内容の公共性・公益性を判断し、「占用物件」として許可をして設置する方法も可能と考えられています。

第2部

通行制限（46条）

Q6 台風などのとき、道路管理者が自ら通行止めをすることができますか？

A 道路管理者は46条に基づき、道路の構造を保全し又は交通の危険を防止するため、区間を定めて道路の通行を禁止又は制限することができます。

> **（通行の禁止又は制限）**
> **第46条** 道路管理者は、左の各号の一に掲げる場合においては、道路の構造を保全し、又は交通の危険を防止するため、区間を定めて、道路の通行を禁止し、又は制限することができる。
> 一 道路の破損、欠壊その他の事由に因り交通が危険であると認められる場合
> 二 道路に関する工事のためやむを得ないと認められる場合

（2項以下省略）

その条件は、①道路の破損、決壊その他の理由により交通が危険であると認められる場合、②道路工事によりやむを得ない場合とされています。

損壊する以前に通行の禁止、制限を行うことはできますか？

通行の禁止又は制限は必ずしも道路が損壊してから行われるものではなく、豪雨や強風が続けば交通に危険が及ぶと認められる

第6章　道路の保全等（42条〜47条の16）

場合には、道路が損壊する以前であっても通行を禁止し又は制限することは可能と考えられています。

　むしろ、事後的な対応よりは事前に措置を講じる方が重要であり、通行規制基準及び規制区間を設定し、「事前通行規制」を積極的に行うこととされています。具体的には「異常気象時における道路通行規制要領」（昭和44年4月1日付け建設省道政発第16号）及び「道路管理の強化について」（昭和45年9月18日付け建設省道政発第84号の2）を参照してください。

大雨による通行止めの様子
（出典：国土交通省中部地方整備局HP）

車両制限令（47条）

> ### Q7
> 道路の老朽化を防ぐために、車両や道路にどのような規制が定められているのでしょうか？

A 道路管理者が行える規制は、前問で説明しました通行規制のほかに 47 条と同条を根拠に定められた政令（車両制限令）において橋梁、トンネル等の道路構造への影響を勘案して車両の最高限度を規制する規定があります。そのほかにも道路運送車両法（道路運送車両の保安基準）には、自動車本体における安全性確保の観点から主に自動車単体での規制を規定され、道路交通法（道路交通法施行令）には交通安全上の観点からの規定があります。

第47条 道路の構造を保全し、又は交通の危険を防止するため、道路との関係において必要とされる車両（人が乗車し、又は貨物が積載されている場合にあつてはその状態におけるものをいい、他の車両を牽引している場合にあつては当該牽けん引されている車両を含む。第47条の5第3号及び第47条の6第1項第1号を除き、以下この節及び第八章において同じ。）の幅、重量、高さ、長さ及び最小回転半径の最高限度は、政令で定める。

2 車両でその幅、重量、高さ、長さ又は最小回転半径が前項の政令で定める最高限度をこえるものは、道路を通行させてはならない。

3 道路管理者は、道路の構造を保全し、又は交通の危険を防止するため必要があると認めるときは、トンネル、橋、高架の道路その他これらに類する構造の道路について、車両でその重量又は高さが構造計算その他の計算又は試験によつて安全である

第6章 道路の保全等(42条〜47条の16)

と認められる限度をこえるものの通行を禁止し、又は制限することができる。
4　前3項に規定するもののほか、道路の構造を保全し、又は交通の危険を防止するため、道路との関係において必要とされる車両についての制限に関する基準は、政令で定める。

阪神高速松原線喜連瓜破地域大規模更新

特殊車両（47条の2・10）

Q8
特殊車両とはなんですか？それらが道路を通行するにはどのような手続が必要でしょうか？

A　車両の構造が特殊である車両、あるいは積載する貨物が特殊な車両で、幅、長さ、高さ及び総重量のいずれかの一般的制限値を超えており、橋、高架の道路、トンネル等で幅、長さ、高さ及び総重量のいずれかの制限値を超える車両を「特殊車両」と呼んでいます。このような特殊車両が道路を通行する場合に、通行許可などを得て通行することとなっています。（47条の2、47条の10）

　なお、「一般的制限値」とは、道路が一定の構造基準により造られていることを踏まえ、道路の構造を守り、交通の危険を防ぐため、道路を通行する車両の大きさや重さの最高限度の値を「一般的制限値」として、車両制限令3条に定められています。

（限度超過車両の通行の許可等）

第47条の2　道路管理者は、車両の構造又は車両に積載する貨物が特殊であるためやむを得ないと認めるときは、前条第2項の規定又は同条第3項の規定による禁止若しくは制限にかかわらず、当該車両を通行させようとする者の申請に基づいて、通行経路、通行時間等について、道路の構造を保全し、又は交通の危険を防止するため必要な条件を付して、同条第一項の政令で定める最高限度又は同条第3項に規定する限度を超える車両（以下「限度超過車両」という。）の通行を許可することができる。

2　前項の申請が道路管理者を異にする二以上の道路に係るものであるとき（国土交通省令で定める場合を除く。）は、同項の

第6章　道路の保全等（42条〜47条の16）

> 許可に関する権限は、政令で定めるところにより、一の道路の道路管理者が行うものとする。この場合において、当該一の道路の道路管理者が同項の許可をしようとするときは、他の道路の道路管理者に協議し、その同意を得なければならない。

（3項以下省略）

> **（登録車両の通行に関する確認等）**
> **第47条の10**　登録車両を通行させようとする者は、国土交通省令で定めるところにより、国土交通大臣に対し、当該登録車両を道路の構造の保全及び交通の危険の防止上支障がないように通行させることができる経路（以下「通行可能経路」という。）の有無について、その確認を求めることができる。

「限度超過車両」と「特殊車両」は同じ意味ですか？

　47条の2において、寸法、重量等に係る一定の限度を超える車両として「限度超過車両」を定義づけているところ、同義として「特殊車両」いう表現が一般的に広く使われていますが、道路上にトンネル等の上空障害箇所がある場合には、特殊車両には該当しなくても限度超過車両には該当する場合があります。

特殊車両を通行させようとする場合の手続を教えてください。

　一定の寸法や重量を超過する特殊車両について、道路を通行させる場合、道路法に基づき通行の許可または通行経路の確認の回答を受ける必要があります。この道路管理者への手続には、「特

殊車両通行許可制度」と「特殊車両通行確認制度」があります。
　申請手続に当たっては、国土交通省のHPに「特殊車両通行申請手続き」があります[1]。

　許可制度と確認制度はどう違うのですか？
　特殊車両が通れるルートはどのようにして決めているのですか？

　特殊車両が通行する際の審査を行うために必要となる道路の情報を収録した「道路情報便覧」というデータベースがあり、道路管理者が、特殊な車両が通行すると見込まれる道路に関する調査を毎年実施し、その最新の道路情報が収録されており、通行する車両の諸元と道路情報便覧に登録されている情報から通行の可否を判断しています。
　なお、道路の上空障害箇所や狭小幅員箇所などの収録情報のほか、簡易地図で道路の情報を見ることができるデータを、国土交通省のHPからダウンロードすることも可能です。

　違反車両についてはどのような罰則があるのですか？

　特殊車両の通行許可なくまたは許可条件に違反して、あるいは確認制度の確認を受けることなく特殊車両を通行させた者に対して、法律にて罰則が定められています。この罰則は、違反した運転手だけでなく、事業主体である法人や事業主に対しても、同じように科されます。
（例）車両の幅、長さ、高さ、重さ、最小回転半径等で制限を超
　　　える車両を道路管理者に許可なく通行させた者または許可

第 6 章　道路の保全等（42 条〜47 条の 16）

条件に違反して通行させた者・・・100 万円以下の罰金（104 条 1 号）

1　国土交通省　https://www.tokusya.ktr.mlit.go.jp/PR/

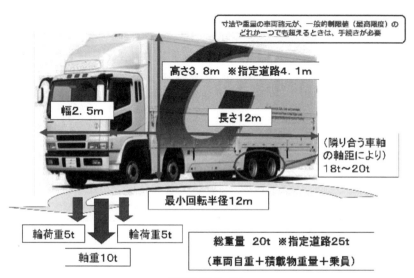

特殊車両の寸法

（出典：国土交通省 HP）

Q9
重量超過車両が走行することによって、道路にどのような影響を与えますか？

A 重量制限を超過した大型車両は、道路構造物への影響が甚大です。例えば、軸重が基準（10トン）の2倍（20トン）超過した1台の車両が走行した場合、舗装に与える影響は4乗（16台分）、道路橋（コンクリート床版）に与える影響は12乗（4,096台分）に相当すると言われています。このように、重量超過車両が走行すると道路への疲労が蓄積して、舗装や橋梁などの道路構造物に対して大きな影響を及ぼしています。

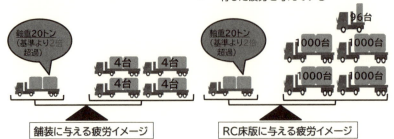

（出典：国土交通省関東地方整備局HP）

第 6 章　道路の保全等（42 条～ 47 条の 16）

コラム　萬世大路（ばんせいたいろ）

　萬世大路は福島県と山形県を結ぶ道で、明治9年に初代の山形県令である三島通庸（みしまみちつね）の発令により、県境をまたぐ全長876mの日本初の長大トンネル「栗子隧道」や「二ツ小屋隧道」など、当時としては国内でも極めて大規模な道路工事が行われました。

　明治14年、東北巡幸中の明治天皇を迎えて開通式が催され、翌年には「萬世ノ永キニ渡リ人々ニ愛サレル道トナレ」という願いを込めて、明治天皇により「萬世大路」と命名されました。

　平成8年に文化庁選定の「歴史の道百選」に選定され、さらに土木学会選奨土木遺産や経済産業省の近代化産業遺産にも認定されるなど、歴史的や学術的にも高く評価されています。

↑㊧栗子隧道（2代目）　　㊨栗子山隧道（初代）
明治と昭和の隧道の入り口が並んでいます。

（出典：国土交通省東北地方整備局山形河川国道事務所HP）

> 第**7**章

道路の立体的区域
（47条の17 〜 48条）

立体道路制度（47条の17）

> ### Q1
> 道路と建物が一体となっている立体道路について概要を教えてください。

A　道路と建築物等を一体的に整備が行えるようにするため、平成元年に道路法を改正し、いわゆる「立体道路制度」が創設されました。当時の時代背景として、特に都市近郊の高速道路整備のための用地取得が困難であったため、事業の進捗が図られていない状況が生じていました。そのため、課題解決を図り事業の速やかな進捗の実現が求められていました。

　しかしながら、これまでの道路法では、道路の上下空間における建物等の建築等は禁止されていましたので、これまでの制度での課題解決は困難でした。こうした状況を打開するため、具体的には、道路法による道路の区域を立体的に決定できることとしたこと、都市計画において道路と建築物の一体的整備を図る区域を定めることとしたこと及び道路内に建築物を建築することができる三つの制度が一体となって立体道路制度が実現しました。

　また、制度が創設された当初は新設の道路が適用対象でしたが、既存道路付近の再開発の必要性などから既存道路にもこの制度が適用できるよう法改正がされています。

　さらに「自動車のみの交通の用に供する道路及び自動車の沿道への出入りができない高架その他の構造の道路を対象とする」という対象

第 7 章 道路の立体的区域（47 条の 17 〜 48 条）

道路の限定があったのですが、平成 30 年の法改正によりすべての道路が適用対象となりました（地区計画又は都市再生特別地区に位置付けられることが条件）。

具体的な通知として、「立体道路制度の運用について」（平成 30 年 7 月 13 日国都計第 51 号、国都市第 46 号、国道利第 10 号、国住街第 114 号）があります。

> **（道路の立体的区域の決定等）**
> **第47条の17** 道路管理者は、道路の存する地域の状況を勘案し、適正かつ合理的な土地利用の促進を図るため必要があると認めるときは、第18条第1項の規定により決定し又は変更する道路の区域を空間又は地下について上下の範囲を定めたもの（以下「立体的区域」という。）とすることができる。

阪神高速梅田出路
（出典：一般財団法人日本みち研究所 HP）

第8章

自動車専用道路
（48条の2 ～ 10）

自動車専用道路（48条の2）

Q1
自動車専用道路とするためにはどのような手続を行うのですか？

A 「自動車専用道路」とは48条の2により「自動車のみの一般交通の用に供する道路」として道路管理者が指定した道路です。同条1項による指定が当該路線全体を自動車専用道路として指定したものに対して、2項による指定は道路の一部を自動車専用道路として指定したものです。

（自動車専用道路の指定）

第48条の2 道路管理者は、交通が著しくふくそうして道路における車両の能率的な運行に支障のある市街地及びその周辺の地域において、交通の円滑を図るために必要があると認めるときは、まだ供用の開始がない道路について、自動車のみの一般交通の用に供する道路を指定することができる。この場合において、当該道路に二以上の道路管理者があるときは、それらの道路管理者が共同して当該指定をするものとする。

2 道路管理者は、交通が著しくふくそうし、又はふくそうすることが見込まれることにより、車両の能率的な運行に支障があり、若しくは道路交通騒音により生ずる障害があり、又はそれらのおそれがある道路の区間内において、交通の円滑又は道路交通騒音により生ずる障害の防止を図るために必要があると認

第8章 自動車専用道路（48条の2〜10）

> めるときは、当該道路（まだ供用の開始がないものに限る。）又は道路の部分について、区域を定めて、自動車のみの一般交通の用に供する道路又は道路の部分を指定することができる。ただし、通常他に道路の通行の方法があって、自動車以外の方法による通行に支障のない場合に限る。

（括弧は外してあります）

　　新たにバイパスを建設して、そこを自動車専用道路とするためには、この条文を適用して次条以下の手続（公示など）を行います。余談ですが、この条文が（　）を外すともっとも意味が分かりやすくなる条文です。

自動車専用道路

（出典：国土交通省HP）

連結許可（48条の4〜10）

Q2
連結とはどういうことですか？どのような場合に連結許可が必要なのですか？

A 「連結」とは、自動車専用道路と特定の施設が直接結びつくことをいい、48条の4から48条の10に規定されています。具体的には民間事業者等のアイデアを高速道路のSA・PAに取り込み、高速道路利用者の利便の増進を図ることを目的として、高速道路を活用した多様な事業の推進を目的に、民間事業者等が設置する休憩所、給油所、商業施設、レクリエーション施設等の利便施設等と高速道路とを直接結ぶことを可能にしたものです。

これらの施設の整備に当たって、自動車専用道路と連結させようとする場合には、道路法や高速自動車国道法に基づく道路管理者の許可を受ける必要があり、これを「連結許可」と呼んでいます。

（自動車専用道路との連結の制限）

第48条の4　次に掲げる施設以外の施設は、第48条の2第1項又は第2項の規定による指定を受けた道路又は道路の部分（以下「自動車専用道路」という。）と連結させてはならない。

一　道路等（軌道を除く。次条第1項及び第48条の14第2項において同じ。）

二　当該自動車専用道路の通行者の利便に供するための休憩所、給油所その他の施設又は利用者のうち相当数の者が当該自動車専用道路を通行すると見込まれる商業施設、レクリエーション施設その他の施設

三　前号の施設と当該自動車専用道路とを連絡する通路その他

第8章　自動車専用道路（48条の2〜の10）

の施設であって、専ら同号の施設の利用者の通行の用に供することを目的として設けられるもの（第1号に掲げる施設を除く。）
四　前3号に掲げるもののほか、当該自動車専用道路の道路管理者である地方公共団体の条例（国道にあつては、政令）で定める施設

（連結許可等）
第48条の5　前条各号に掲げる施設の管理者は、当該施設を自動車専用道路と連結させようとする場合においては、当該管理者が道路管理者であるときは当該自動車専用道路の道路管理者と協議し、その他の者であるときは国土交通省令で定めるところにより当該自動車専用道路の道路管理者の許可（以下「連結許可」という。）を受けなければならない。自動車専用道路以外の道路等を自動車専用道路と立体交差以外の方式で交差させようとする場合においても、同様とする。

（以下省略）

富山PA ハイウェイオアシス富楽里
（写真提供：NEXCO東日本）

第9章

重要物流道路
（48条の17～19）

自動車専用道路（48条の17～19）

Q1
重要物流道路とはなんですか？指定されるとどういう効果があるのですか？

A 「重要物流道路」とは、48条の17に基づき国土交通大臣が平常時・災害時を問わない安定的な輸送を確保するため区間を定め、指定した道路です。

指定に当たっては、道路の構造、貨物積載車両の運行状況、沿道の土地利用の状況や将来の見通しその他の事情を勘案して、全国的な貨物輸送網の形成を図るため、貨物積載車両の能率的な運行の確保を図ることが特に重要と認められる道路について指定することとしています。

指定された場合は、一部区間で特殊車両の通行許可を不要とする措置や車両の高さ制限の緩和、災害時の道路啓開・災害復旧を国が代行するなどの措置が講じられますが、詳しくは国土交通省道路局のHPなどを参考にしてください。

（国土交通省：https://www.mlit.go.jp/road/sisaku/butsuryu/Top03-02-03.htm）

（重要物流道路の指定）
第48条の17 国土交通大臣は、道路の構造、貨物積載車両の運行及び沿道の土地利用の状況並びにこれらの将来の見通しその他の事情を勘案して、全国的な貨物輸送網の形成を図るため、

第 9 章 重要物流道路（48 条の 17 〜 19）

> 貨物積載車両の能率的な運行の確保を図ることが特に重要と認められる道路について、区間を定めて、重要物流道路として指定することができる。

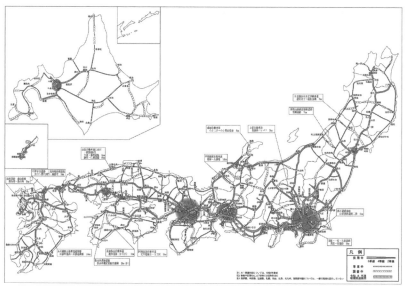

高規格道路ネットワーク図（令和 6 年度決定白パン）

（出典：国土交通省 HP）

第10章

歩行者利便増進道路
（48条の20〜29）

歩行者利便増進道路（48条の20〜29）

> ## Q1
> 歩行者利便増進道路とはどのようなものですか？

A 「歩行者利便増進道路」とは、歩行者の安全かつ円滑な通行及び利便の増進を図り、快適な生活環境の確保及び地域の活力の創造に資するため、48条の20に基づいて道路管理者が区間を定めて指定する道路であり、通称「ほこみち」と呼ばれています。

指定に当たっては、道路の構造、車両及び歩行者の通行状況、沿道の土地利用の状況や将来の見通しその他の事情を勘案して指定されますが、「歩行者の滞留の用に供する部分の確保」、「歩行者利便増進施設等の適正かつ計画的な設置を誘導」などが目的とされています。

令和2年の法改正で新たに定められた制度ですが、イメージとしては幅員が広い歩道が確保されている場合、人が集まる施設としてテラス営業をしたりイベントなどを実施したりすることが考えられます。

（歩行者利便増進道路の指定）

第48条の20 道路管理者は、道路の構造、車両及び歩行者の通行並びに沿道の土地利用の状況並びにこれらの将来の見通しその他の事情を勘案して、歩行者の安全かつ円滑な通行及び利便の増進を図り、快適な生活環境の確保及び地域の活力の創造に資するため、その管理する道路（高速自動車国道及び自動車専

> 用道路を除く。以下この条において同じ。）のうち、歩行者の滞留の用に供する部分を確保し、及び歩行者利便増進施設等の適正かつ計画的な設置を誘導することが特に必要と認められるものについて、区間を定めて、歩行者利便増進道路として指定することができる。

　また、48条の20の3項において都道府県に協議の上、地元市町村が、都道府県が管理する道路で指定できることとされています。
　指定されれば、歩行者の滞留の用に供する部分を確保するための歩道の拡幅、その他政令で定めるものを都道府県に代わって行うことができることとなります。

> 3　指定市以外の市町村は、第1項の規定による指定をしようとするときは、当該市町村の区域内に存する都道府県が管理する道路であって、当該指定をしようとする道路と歩行者の安全かつ円滑な通行及び利便の増進を図る上で密接な関連を有するものについて、区間を定めて、歩行者利便増進道路として併せて指定することができる。

ほこみち
（出典：国土交通省HP）

公募占用指針・歩行者利便増進計画
（48条の23 〜 28）

Q2
公募占用指針、歩行者利便増進計画とはなんですか？

A　「公募占用指針」とは、48条の23に基づき、道路管理者が歩行者利便増進施設の占用申請を受け付けるに当たって、道路占用者の公平な選定を図るため、道路の占用及び公募の実施に関して定めた指針のことを言います。

　また、「歩行者利便増進計画」とは、48条の24に基づき、上記公募占用制度の占用予定者の選定に当たって、道路を占用しようとする者が、歩行者利便増進施設等を設置するため、道路の占用に関する計画（歩行者利便増進計画）を作成し、道路管理者に、その計画が適当である旨の認定を受けるために提出するものをいいます。

　なお、道路管理者より認定を受けた歩行者利便増進計画に基づいて提出された占用許可申請については48条の28の2項により道路管理者は許可しなければなりません。

　また、この制度を適用した場合最長20年間占用することも可能とされています。

（公募対象歩行者利便増進施設等の公募占用指針）
第48条の23　道路管理者は、利便増進誘導区域において第32条第1項又は第3項の規定による許可の申請を行うことができる者を公募により決定することが、道路占用者の公平な選定を図るとともに、歩行者利便増進道路の歩行者の利便の増進を図る上で特に有効であると認められる歩行者利便増進施設等（以下「公募対象歩行者利便増進施設等」という。）について、道路の

第 10 章　歩行者利便増進道路（48 条の 20 ～ 29）

占用及び公募の実施に関する指針（以下「公募占用指針」とい
う。）を定めることができる。

（以下省略）

（歩行者利便増進計画の提出）

第48条の24　歩行者利便増進道路に公募対象歩行者利便増進施
設等を設置するため道路を占用しようとする者は、公募対象歩
行者利便増進施設等のための道路の占用に関する計画(以下「歩
行者利便増進計画」という。）を作成し、第48条の26第1項の
規定によるその歩行者利便増進計画が適当である旨の認定を受
けるための選定の手続に参加するため、これを道路管理者に提
出することができる。

（以下省略）

（公募を行つた場合における道路の占用の許可）

第48条の28　認定計画提出者は、第48条の26第1項の認定（前
条第1項の変更の認定を含む。第4項及び次条において「計画
の認定」という。）を受けた歩行者利便増進計画（変更があつ
たときは、その変更後のもの。次項及び次条第2号において「認
定歩行者利便増進計画」という。）に従つて公募対象歩行者利
便増進施設等を設置しなければならない。

2　道路管理者は、認定計画提出者から認定歩行者利便増進計画
に基づき第32条第1項又は第3項の規定による許可の申請が
あつた場合においては、これらの規定による許可を与えなけれ
ばならない。

第
2
部

163

第11章

特定車両停留施設
（48条の30 ～ 36）

特定車両停留施設（48条の30 ～ 36）

> ### Q1
> 特定車両停留施設とはなんですか？

A 「特定車両停留施設」とは、旅客の乗降又は貨物の積卸しによる道路における交通の混雑を緩和することを目的として、バスやトラックなど（特定車両）を同時に2両以上停留させる施設で道路に接して道路管理者が設けるものを指します。（新宿の「バスタ」がその例です）

　道路管理者は、この施設の供用開始前に停留させる車両の種類を指定するものとされています。

　また、コンセッション（公共施設運営権）の設定も可能となっており、民間事業者等に運営を任せることも可能となっています。

　また、この施設に車両を停留させようとする者は道路管理者の許可を受けなければならず、道路管理者は停留料金を徴収することができます。

（用語の定義）
第2条第2項

　八　特定車両停留施設

　　旅客の乗降又は貨物の積卸しによる道路における交通の混雑を緩和することを目的として、専ら道路運送法による一般乗合

第11章　特定車両停留施設（48条の30～36）

> 旅客自動車運送事業若しくは一般乗用旅客自動車運送事業又は貨物自動車運送事業法による一般貨物自動車運送事業の用に供する自動車その他の国土交通省令で定める車両を同時に２両以上停留させる施設で道路に接して第18条第１項に規定する道路管理者が設けるものをいう。

（編集しています）

（車両の種類の指定）
第48条の30　道路管理者は、まだ供用の開始がない特定車両停留施設について、国土交通省令で定めるところにより、特定車両のうち、当該特定車両停留施設を利用することができる車両の種類を指定するものとする。
２　道路管理者は、前項の規定による指定をしようとするときは、国土交通省令で定めるところにより、あらかじめ、その旨を公示しなければならない。

バスタ新宿（新宿高速バスターミナル）
（出典：国土交通省HP）

第12章 利便施設協定（48条の37～39）

利便施設協定（48条の37～39、施行令35条の11）

Q1
歩道に隣接する民間ビルの敷地部分が事実上歩道として使われています。その部分にバス停のベンチを作って道路管理者が管理することはできるのでしょうか？（利便施設協定とはなんでしょうか？）

A 都心のビルなどの敷地が、まるで歩道が広がったように見える部分があります。この部分を道路管理者が道路として管理するためには、当該部分を道路区域に編入することが考えられますが、それができない場合に、48条の37に「利便施設協定の締結」を利用して管理することができます。

政令は下記の35条の11であり、設問のケースでは「道路に沿った通路にあるベンチ」に当たると思われますので、敷地所有者と道路管理者の間で協定（「利便施設協定」と呼ばれます。）を締結して道路管理者が管理することが可能と思われます。

（イメージ）

第 12 章　利便施設協定（48 条の 37 〜 39）

（利便施設協定の締結等）

第48条の37　道路管理者は、その管理する道路に並木、街灯その他道路の通行者又は利用者の利便の確保に資するものとして政令で定める工作物又は施設を設けることが当該道路の構造又は周辺の土地利用の状況により困難である場合において、当該道路の通行者又は利用者の利便の確保のため必要があると認めるときは、当該道路の区域外にあるそれらの工作物又は施設（以下この項において「道路外利便施設」という。）について、道路外利便施設所有者等との間において、次に掲げる事項を定めた協定（以下この節において「利便施設協定」という。）を締結して、当該道路外利便施設の管理を行うことができる。

　一　利便施設協定の目的となる道路外利便施設（以下「協定利便施設」という。）

　二　協定利便施設の管理の方法

　三　利便施設協定の有効期間

　四　利便施設協定に違反した場合の措置

　五　利便施設協定の掲示方法

　六　その他協定利便施設の管理に関し必要な事項

2　利便施設協定については、道路外利便施設所有者等の全員の合意がなければならない。

（括弧は外してあります）

道路法施行令

（道路の通行者又は利用者の利便の確保に資する工作物又は施設）

第35条の11　法第48条の37第１項の政令で定める工作物又は施設は、次に掲げるものとする。

　一　道路に沿つて設けられた通路で、専ら歩行者又は自転車の

第
2
部

167

一般交通の用に供するもの（当該通路に設けられた工作物又は施設のうち、アーケード、雪よけその他これらに類するものとして国土交通省令で定めるものを含む。）

二　道路の通行者又は利用者の一般交通に関し案内を表示する標識

三　自動車駐車場又は自転車駐車場（いずれも道路に接して設けられたものに限る。）

四　道路の歩行者の休憩の用に供するベンチ又はその上屋

五　花壇その他道路の緑化のための施設

六　道路に接して設けられた公衆便所

第12章 利便施設協定（48条の37〜39）

コラム 交通インフラの歴史を探す旅に出かけませんか!?

　国民の生活には欠かせない道路や鉄道といった交通インフラ。現在の姿になるまで大きな波を乗り越えてきました。法律の改正による制度の変更はもちろんですが、判りやすいものとしては、省庁の再編、国鉄の民営化や道路関係四公団の民営化が挙げられるのではないでしょうか?

　その面影が、今でも足下で、旅先で見つけることができます。

　昭和62年4月に国鉄が民営化され、JNRからJRへ生まれ変わりましたが、先日北海道を旅行した際に乗車した列車の扇風機の中央部に「JNR」のマークを見つけたときは、学生時代の貧乏旅行の懐かしい思い出が蘇りました。新幹線や都心部の電車内で見かけることは、ほぼ不可能ではないでしょうか。

　平成13年1月には省庁の再編が行われ、道路行政を司る建設省は運輸省や北海道開発庁などと合併され、国土交通省が誕生しました。国が管理する直轄国道を走行していると、道路標識やガードレールの支柱に「国土交通省」の銘板(シール)が貼り付けられているのを見かけることがあります。この銘板が「建設省」であったり、北海道では「北海道開発庁」、沖縄では「沖縄開発庁」といった銘板が、数は少なくなりましたが少なからず残っており、旅先で見つけたりするとちょっと嬉しくなったりします。

　平成17年10月には、日本道路公団、首都高速道路公団、阪神高速道路公団、本州四国連絡橋公団のいわゆる道路関係四公団が民営化されました。なかなか高速走行中の車中からそれらの痕跡を見つけ出すことは難しいですが、SA・PAで休憩する際などに、ちょっと視線を変えてみると、見つけ出すことが出来るかもしれません。

　他にも、建設省のマークが入った道路附属物やマンホール、道路利用の啓発のために生まれたキャラクターなども見つけたことがあります。

　高速移動が当たり前の世の中となりましたが、たまには歩を緩め、ゆっくりと歴史を見つける旅に出るのも良いのではないでしょうか。

第2部

第13章

道路協力団体
（48条の60 〜 65）

道路協力団体（48条の60 〜 65）

> **Q1**
> 道路協力団体とはなんですか？道路協力団体になるとどのような
> メリットがあるのですか？

A 平成28年の道路法改正により道路協力団体制度が創設されました。48条の60から48条の65までにおいて、道路における身近な課題の解消や道路利用者のニーズへのきめ細やかな対応などの業務に自発的に取り組む民間団体等を道路協力団体として指定できることとされました。

道路協力団体が上記の業務を行う場合で、24条に基づく承認工事や32条に基づく占用許可について、道路協力団体と道路管理者との協議が成立することをもって、承認又は許可があったものとみなす特例が48条の64に定められています。

（道路協力団体の指定）

第48条の60 道路管理者は、次条に規定する業務を適正かつ確実に行うことができると認められる法人その他これに準ずるものとして国土交通省令で定める団体を、その申請により、道路協力団体として指定することができる。

2 道路管理者は、前項の規定による指定をしたときは、当該道路協力団体の名称、住所及び事務所の所在地を公示しなければならない。

3 道路協力団体は、その名称、住所又は事務所の所在地を変更しようとするときは、あらかじめ、その旨を道路管理者に届け出なければならない。

4 道路管理者は、前項の規定による届出があつたときは、当該届出に係る事項を公示しなければならない。

（道路協力団体の業務）

第48条の61 道路協力団体は、当該道路協力団体を指定した道路管理者が管理する道路について、次に掲げる業務を行うものとする。

一 道路管理者に協力して、道路に関する工事又は道路の維持を行うこと。

二 前号に掲げるもののほか、安全かつ円滑な道路の交通の確保又は道路の通行者若しくは利用者の利便の増進に資する工作物、物件又は施設であつて国土交通省令で定めるものの設置又は管理を行うこと。

三 道路の管理に関する情報又は資料を収集し、及び提供すること。

四 道路の管理に関する調査研究を行うこと。

五 道路の管理に関する知識の普及及び啓発を行うこと。

六 前各号に掲げる業務に附帯する業務を行うこと。

（道路協力団体に対する道路管理者の承認等の特例）

第48条の64 道路協力団体が第48条の61各号に掲げる業務として行う国土交通省令で定める行為についての第24条本文並びに第32条第1項及び第3項の規定の適用については、道路協力団体と道路管理者との協議が成立することをもつて、これらの規定による承認又は許可があつたものとみなす。

この条文により、いわゆる「協議承認」「協議占用」ということになります。協力していただいている団体に対しては、許認可ではなく協議という形になります。

アドプトの例

第13章　道路協力団体（48条の60～65）

コラム **駐輪場は原付まで?**

　コラムで紹介しました自転車法による自転車の定義は第2条により道路交通法による自転車と原付までとされています。

　そうした場合、公共団体が設置する自転車駐車場には原付までしか駐車できないようにすべきなのでしょうか。

　確かに自転車法第9条には、「一般公共の用に供される自転車等駐車場の構造及び設備は、利用者の安全が確保され、かつ、周辺の土地利用状況及び自転車等の駐車需要に適切に対応したものでなければならない。」とされていますが、この「自転車等」の用語にこだわるのではなく、「駐車需要に適切対応したもの」に注目すべきではないでしょうか。

　原付バイクの位置付けなどについても色々な動きがありますので、今後50ccを超えるバイクの駐車需要が増えることは確実だと思います。

　これらについては国土交通省都市局街路課や警察庁からいくつか通知が発出されていますのでそれらを参考にされるとよいでしょう「自転車駐車場における自動二輪車の受入れについて」（平成22年4月20日付け国都街発第6号）、「自動二輪車等に係る駐車環境の整備の推進について」（平成30年4月16日付け警察方丁規発第52号など）

第2部

第14章

道路に関する費用、収入及び公用負担（49条〜70条）

原因者負担金（22条、58条）

Q1
原因者負担金とはなんですか？

A 22条（原因者工事）の欄でお話しましたが、道路利用者が原因となって道路を損傷（ガードレールの破損など）した場合には、その原因者に工事をしてもらう方法と、道路管理者が工事をして、その費用を請求する方法があります。

58条は後者の場合において費用を請求する根拠条文となります。ここで少し、請求すべき費用の範囲などについて考えてみたいと思います。

この請求すべき費用には、直接的な工事費だけではなく、工事のために必要となった交通処理費用や道路管理者の事務費も含まれます。

しかしながら、事故の原因が不可抗力によるものである場合など、原因者にその全額を負担させることが社会的衡平の観点から疑問が生じる場合などにおいては、道路管理者において、58条の「全部又は一部」の解釈において減額や免除することは可能と考えられています。

また、いくつかの道路管理者の実務では、任意保険の対物補償保険に入っているドライバーがほとんどであるため、道路管理者と保険会社の間において交渉し、58条の原因者負担金命令を発するのではなく、22条の原因者工事命令を発出して、原因者（保険会社）が工事を施工するケースも多くなっています。

第14章　道路に関する費用、収入及び公用負担（49条〜70条）

　ただし、この方法については復旧工事の完成まで時間がかかる場合がありますので、道路交通に支障を及ぼす可能性がある場合については、速やかに道路管理者において復旧工事を行い、後日58条に基づいて費用を請求することが妥当と考えられます。

（工事原因者に対する工事施行命令等）

第22条　道路管理者は、道路に関する工事以外の工事（以下「他の工事」という。）により必要を生じた道路に関する工事又は道路を損傷し、若しくは汚損した行為若しくは道路の補強、拡幅その他道路の構造の現状を変更する必要を生じさせた行為（以下「他の行為」という。）により必要を生じた道路に関する工事又は道路の維持を当該工事の執行者又は行為者に施行させることができる。

（原因者負担金）

第58条　道路管理者は、他の工事又は他の行為により必要を生じた道路に関する工事又は道路の維持の費用については、その必要を生じた限度において、他の工事又は他の行為につき費用を負担する者にその全部又は一部を負担させるものとする。

原因者負担金の回収事務（58条）

Q2
事故を起こした原因者が亡くなりました。負担金を回収する方法はありますでしょうか？

A 58条の負担金債務については、原因者が死亡した場合は相続され、相続人にその納付を求めることとなり、原因者が保険に加入している場合は、保険会社が相続人に保険使用意思を確認することになります。

　また、相続人が不存在の場合や相続人の生死不明などの場合には「損害賠償請求権者の直接請求」という制度があります。

　これにより道路管理者（保険の損害賠償請求権者）が保険会社に直接請求することができます。ただし各保険会社の約款によるところとなりますので、適用する際には保険会社と調整する必要があります。

第14章　道路に関する費用、収入及び公用負担（49条〜70条）

受益者負担金（61条）

Q3
受益者負担金とはなんですか？実例はあるのでしょうか？

A 「受益者負担金」とは、本来、道路は不特定多数の人が利用し社会全体に広く利益をもたらすものであることから、これらに要する費用は国民全体の負担とされていますが、道路を整備することによって特定の人が著しく利益を受ける場合（受益者）には、61条に基づきその利益の限度において受益者に工事の費用の一部を負担させることができる制度です。

　道路整備の実例は聞いたことがありませんが、下水道整備においては、この受益者負担金制度が使われているようです。

　この制度を運用する場合は、受益者の範囲、徴収方法などについて条例を定める必要があり、指定区間の国道の場合は政令で定めることとなっておりますが、この政令は未制定となっています。

（受益者負担金）

第61条　道路管理者は、道路に関する工事に因つて著しく利益を受ける者がある場合においては、その利益を受ける限度において、当該工事に要する費用の一部を負担させることができる。

2　前項の場合において、負担金の徴収を受ける者の範囲及びその徴収方法については、道路管理者である地方公共団体の条例（指定区間内の国道にあつては、政令）で定める。

第2部

第15章

監督（71条〜78条）

監督処分（71条）

> ## Q1
> 監督処分とはなんでしょうか？どのような場合に行われるのですか？

A 「監督処分」とは簡単に言うと、道路法に違反している人に対して、道路管理者がその是正を求めて行為者に命令などを行うことです（71条以下）。

違反行為の代表的なものとして、占用許可を得ずに道路を占用している「不法占用」などがあります。

道路管理者はこのような行為の中止、物件の移転・除却などを求めることができます。また、占用許可を受けていても、その許可条件に違反している場合（許可された数量以上の物件を占用している場合など）も同様に監督処分を行うことができます。

また、道路に関する工事のためやむを得ない必要が生じた場合、道路の構造又は交通に著しい支障が生じた場合、その他公益上やむを得ない必要が生じた場合などについても監督処分を行うことができます。

（道路管理者等の監督処分）
第71条 道路管理者は、次の各号のいずれかに該当する者に対して、この法律若しくはこの法律に基づく命令の規定によつて与えた許可、承認若しくは認定を取り消し、その効力を停止し、若しくはその条件を変更し、又は行為若しくは工事の中止、道

第 15 章　監督（71 条〜 78 条）

> 路に存する工作物その他の物件の改築、移転、除却若しくは当該工作物その他の物件により生ずべき損害を予防するために必要な施設をすること若しくは道路を原状に回復することを命ずることができる。
> 一　この法律若しくはこの法律に基づく命令の規定又はこれらの規定に基づく処分に違反している者
> 二　この法律又はこの法律に基づく命令の規定による許可又は承認に付した条件に違反している者
> 三　偽りその他不正な手段によりこの法律又はこの法律に基づく命令の規定による許可等を受けた者
> 2　道路管理者は、次の各号のいずれかに該当する場合においては、この法律又はこの法律に基づく命令の規定による許可等を受けた者に対し、前項に規定する処分をし、又は措置を命ずることができる。
> 一　道路に関する工事のためやむを得ない必要が生じた場合
> 二　道路の構造又は交通に著しい支障が生じた場合
> 三　前二号に掲げる場合のほか、道路の管理上の事由以外の事由に基づく公益上やむを得ない必要が生じた場合

（括弧は外してあります）

当事者が監督処分に従わなかった場合には道路管理者としてはどうすべきなのでしょうか？

物件の除去などを命じられた当事者がその指示に従わない場合、道路管理者が取り得る方法として代表的なものとしては行政代執行があります。

　これは行政代執行法に基づき行われる手続で、義務者がこれを履行しないこと、他の手段によることが困難であること、その不

履行を放置することが著しく公益に反すると認められること、などが要件となります。
　また、道路法に違反している行為については罰則の適用もある（99条以降）ことにも注意を要します。

○行政指導　→　監督処分　→　行政代執行

【概要】行政指導を実施し、従わない場合には監督処分を実施。履行がない場合に行政代執行による除却を実施するもの。

＜警察と連携した行政指導の様子＞

行政指導→監督処分→行政代執行

（出典：国土交通省HP）

第 15 章　監督（71 条〜 78 条）

行政手続法との関係（72 条、行政手続法 13 条、14 条）

Q2
監督処分と行政手続法の関係について教えてください。

A 道路法の手続も当然に行政手続法の適用を受けることとなります。

監督処分を行う際には理由を記載することが必要となります（行政手続法 14 条 3 項）。

また、当事者は不利益処分の相手方となりますので、原則として不利益の程度が大きい処分（許可取消しなど）については聴聞、それ以外の場合は弁明の機会の付与を行うことなどが必要になります（行政手続法 13 条 1 項）。

行政手続法

（不利益処分をしようとする場合の手続）

第13条　行政庁は、不利益処分をしようとする場合には、次の各号の区分に従い、この章の定めるところにより、当該不利益処分の名あて人となるべき者について、当該各号に定める意見陳述のための手続を執らなければならない。

一　次のいずれかに該当するとき　聴聞

イ　許認可等を取り消す不利益処分をしようとするとき。

ロ　イに規定するもののほか、名あて人の資格又は地位を直接にはく奪する不利益処分をしようとするとき。

ハ　名あて人が法人である場合におけるその役員の解任を命ずる不利益処分、名あて人の業務に従事する者の解任を命ずる不利益処分又は名あて人の会員である者の除名を命ずる不利益処分をしようとするとき。

181

ニ　イからハまでに掲げる場合以外の場合であって行政庁が
相当と認めるとき。
二　前号イからニまでのいずれにも該当しないとき　弁明の機
会の付与
2　次の各号のいずれかに該当するときは、前項の規定は、適用
しない。
一　公益上、緊急に不利益処分をする必要があるため、前項に
規定する意見陳述のための手続を執ることができないとき。
二　法令上必要とされる資格がなかったこと又は失われるに
至ったことが判明した場合に必ずすることとされている不利
益処分であって、その資格の不存在又は喪失の事実が裁判所
の判決書又は決定書、一定の職に就いたことを証する当該任
命権者の書類その他の客観的な資料により直接証明されたも
のをしようとするとき。
三　施設若しくは設備の設置、維持若しくは管理又は物の製造、
販売その他の取扱いについて遵守すべき事項が法令において
技術的な基準をもって明確にされている場合において、専ら
当該基準が充足されていないことを理由として当該基準に従
うべきことを命ずる不利益処分であってその不充足の事実が
計測、実験その他客観的な認定方法によって確認されたもの
をしようとするとき。
四　納付すべき金銭の額を確定し、一定の額の金銭の納付を命
じ、又は金銭の給付決定の取消しその他の金銭の給付を制限
する不利益処分をしようとするとき。
五　当該不利益処分の性質上、それによって課される義務の内
容が著しく軽微なものであるため名あて人となるべき者の意
見をあらかじめ聴くことを要しないものとして政令で定める
処分をしようとするとき。

第15章　監督（71条〜78条）

> **行政手続法**
> **（不利益処分の理由の提示）**
> **第14条**　行政庁は、不利益処分をする場合には、その名あて人に対し、同時に、当該不利益処分の理由を示さなければならない。ただし、当該理由を示さないで処分をすべき差し迫った必要がある場合は、この限りでない。
> 2　行政庁は、前項ただし書の場合においては、当該名あて人の所在が判明しなくなったときその他処分後において理由を示すことが困難な事情があるときを除き、処分後相当の期間内に、同項の理由を示さなければならない。
> 3　不利益処分を書面でするときは、前2項の理由は、書面により示さなければならない。

　　　監督処分を行った場合には、損失補償をするべきなのでしょうか

　　　72条1項において、道路管理者は24条の承認や道路占用許可を受けた人が、71条の監督処分のうち、「道路の構造又は交通に著しい支障が生じた場合」と「公益上やむを得ない必要が生じた場合」に受けた処分によって通常受けるべき損失を補償しなければならないとされています。

　また、上記に含まれない「道路に関する工事のためやむを得ない必要」が生じた監督処分（71条2項1号）については法律上の補償規定が定められていません。しかし、これはすべての場合で損失補償を不要又は禁止しているものではなく、受忍限度を超える損失についても補償を禁じたものではないと考えられます（通常の道路工事は用地取得、損失補償を行ってから施工するためです。）。

183

受忍限度を超えるかどうかの判断は個別に判断するしかありませんが、通常に比べて工事費が著しく多額となる場合、物件の設置から短期間で移設を求めるような場合などが想定されます。

（監督処分に伴う損失の補償等）

第72条 道路管理者は、第24条又は第32条第1項若しくは第3項の規定による承認又は許可を受けた者が前条第2項第2号又は第3号の規定による処分によって通常受けるべき損失を補償しなければならない。

2 第44条第6項及び第7項の規定は、前項の規定による損失の補償について準用する。

3 道路管理者は、第1項の規定による補償の原因となつた損失が前条第2項第3号の規定による処分に因るものである場合においては、当該補償金額を当該事由を生じさせた者に負担させることができる。

第15章 監督（71条〜78条）

路上放置物件の撤去

Q3
台風などで沿道の樹木が道路上に飛ばされて放置されています。
道路管理者が取り得る措置はありますか？

A 台風により沿道の樹木や電柱がなぎ倒され、道路の通行の支障になる事案が発生しており、道路管理者において速やかな措置が求められるケースが多くなっています。

いろいろな方法が考えられますが、電柱などの道路占用物件の場合はまず設置者に措置を求めることが必要となります。

問題は誰の物かわからない物件の場合ですが、無価値の物は通常の清掃作業として道路管理者において除去して差し支えないと考えられます。

放置物が車両である場合は、災害対策基本法76条の6により道路管理者による移動が可能となります。

次に車両ではない場合において、その物件の存在により道路構造に損害、交通の危険のおそれがあり、その原因者が現場にいない場合又は原因者が除去命令に従わない場合は、44条の3により道路管理者は自らその物件を除去することができます。

また68条1項に、非常災害のためやむを得ない場合は土石、竹木その他の物件を処分することができるとの規定がありますが、実行した場合は69条により損失を受けた者に対して通常生ずべき損失を補償しなければならないとされています。

災害対策基本法

（災害時における車両の移動等）

第76条の6 第76条の4第2項に規定する道路管理者等（以下この条において「道路管理者等」という。）は、その管理する道路の存する都道府県又はこれに隣接し若しくは近接する都道府県の地域に係る災害が発生した場合において、道路における車両の通行が停止し、又は著しく停滞し、車両その他の物件が緊急通行車両の通行の妨害となることにより災害応急対策の実施に著しい支障が生じるおそれがあり、かつ、緊急通行車両の通行を確保するため緊急の必要があると認めるときは、政令で定めるところにより、その管理する道路についてその区間を指定して、当該車両その他の物件の占有者、所有者又は管理者（第3項第3号において「車両等の占有者等」という。）に対し、当該車両その他の物件を付近の道路外の場所へ移動することその他当該指定をした道路の区間における緊急通行車両の通行を確保するため必要な措置をとることを命ずることができる。

（2項以下省略）

（違法放置等物件に対する措置）

第44条の3 道路管理者は、第43条第2号の規定に違反して、道路を通行している車両から落下して道路に放置された当該車両の積載物、道路に設置された看板その他の道路に放置され、又は設置された物件（以下この条において「違法放置等物件」という。）が、道路の構造に損害を及ぼし、若しくは交通に危険を及ぼし、又はそれらのおそれがあると認められる場合であつて、次の各号のいずれかに該当するときは、当該違法放置等物件を自ら除去し、又はその命じた者若しくは委任した者に除去させることができる。

第15章　監督（71条〜78条）

　一　当該違法放置等物件の占有者、所有者その他当該違法放置
　　等物件について権原を有する者（以下この条において「違法
　　放置等物件の占有者等」という。）に対し第71条第1項の規
　　定により必要な措置をとることを命じた場合において、当該
　　措置をとることを命ぜられた者が当該措置をとらないとき。
　二　当該違法放置等物件の占有者等が現場にいないために、
　　第71条第1項の規定により必要な措置をとることを命ずる
　　ことができないとき。

（2項以下省略）

（非常災害時における土地の一時使用等）

第68条　道路管理者は、道路に関する非常災害のためやむを得
　ない必要がある場合においては、災害の現場において、必要な
　土地を一時使用し、又は土石、竹木その他の物件を使用し、収
　用し、若しくは処分することができる。
2　道路管理者は、非常災害に因り道路の構造又は交通に対する
　危険を防止するためやむを得ないと認められる場合において
　は、災害の現場に在る者又はその附近に居住する者を防ぎよに
　従事させることができる。

（損失の補償）

第69条　道路管理者は、第66条又は前条の規定による処分に因
　り損失を受けた者に対して、通常生ずべき損失を補償しなけれ
　ばならない。
2　第44条第6項及び第7項の規定は、前項の規定による損失
　の補償について準用する。

187

立入検査（72条の2）

Q4
道路管理者の立入検査はどのような場合に行われるものですか？

A　72条の2により、道路管理者は道路法の施行に必要な限度で、道路占用許可などを受けている者に対し必要な報告を求めたり、事務所などに立ち入り、書類などを検査することができます。

　想定されるケースとしては、道路占用物件である看板などが倒れそうで占用者が指示に従わない場合などに事務所に立ち入り、その設計図書などを検査して是正を命ずることなどが考えられます。

（報告及び立入検査）

第72条の2　道路管理者は、この法律（次項に規定する規定を除く。）の施行に必要な限度において、国土交通省令で定めるところにより、この法律若しくはこの法律に基づく命令の規定による許可等を受けた者に対し、道路管理上必要な報告をさせ、又はその職員に、当該許可等に係る行為若しくは工事に係る場所若しくは当該許可等を受けた者の事務所その他の事業場に立ち入り、当該許可等に係る行為若しくは工事の状況若しくは工作物、帳簿、書類その他の物件を検査させることができる。

（2項以下省略）

第15章　監督（71条〜78条）

行政指導

> # Q5
> 措置命令と行政指導の違いを教えてください。

A 　行政指導の定義は、行政手続法2条6号により「行政機関がその任務又は所掌事務の範囲内において一定の行政目的を実現するため特定の者に一定の作為又は不作為を求める指導、勧告、助言その他の行為であって処分に該当しないものをいう。」とされています。

措置命令は道路法に基づく処分ですので、措置命令の方が重い手続であり、行政指導はその前段の手続ということになります。

行政指導に従わない場合は罰則の適用はありませんが、措置命令に違反した場合は、道路法により罰則が適用されます。

行政手続法

（定義）
第2条　この法律において、次の各号に掲げる用語の意義は、当該各号に定めるところによる。
　六　行政指導　行政機関がその任務又は所掌事務の範囲内において一定の行政目的を実現するため特定の者に一定の作為又は不作為を求める指導、勧告、助言その他の行為であって処分に該当しないものをいう。

第 **16** 章

雑則（85条〜98条の２）

許認可に当たっての条件（87条）

> ## Q1
> 道路占用許可に当たって条件をつけてもよいのですか？

A 87条１項に基づき、道路管理者は道路法の規定による許可等に道路の構造を保全し、交通の危険を防止し、その他円滑な交通を確保するために必要な条件を付けることができます。ただし、同条２項にあるように条件は許可等を受けた者に不当な義務を課することとならないものでなければなりません。

（許可等の条件）

第87条 国土交通大臣及び道路管理者は、この法律の規定によつてする許可、認可又は承認には、第34条又は第47条の２第１項の規定による場合のほか、道路の構造を保全し、交通の危険を防止し、その他円滑な交通を確保するために必要な条件を附することができる

２ 前項の規定による条件は、当該許可、認可又は承認を受けた者に不当な義務を課することとならないものでなければならない。

第16章　雑則（85条〜98条の2）

道路の敷地の帰属（90条）

> # Q2
> 道路を構成する敷地については誰に帰属するのですか？

A 90条1項により、道路の新設又は改築のために取得した国道を構成する敷地等は国に、都道府県道・市町村道はそれぞれの公共団体に帰属するものとされています。

また、90条2項は、普通財産である国有財産は都道府県道又は市町村道の用に供する場合は国有財産法の規定に関わらず、それぞれの道路管理者である地方公共団体に無償で貸付又は譲与することができるとされており、実務上よく使う条文です。

（道路の敷地等の帰属）

第90条 国道の新設又は改築のために取得した道路を構成する敷地又は支壁その他の物件（以下これらを「敷地等」という。）は国に、都道府県道又は市町村道の新設又は改築のために取得した敷地等はそれぞれ当該新設又は改築をした都道府県又は市町村に帰属する。

2　普通財産である国有財産は、都道府県道又は市町村道の用に供する場合においては、国有財産法第22条又は第28条の規定にかかわらず、当該道路の道路管理者である地方公共団体に無償で貸し付け、又は譲与することができる。

道路予定区域（91条）

> # Q3
> 道路予定区域とはなんですか？どのような制限がかかるのですか？

A 91条1項により、区域決定から供用開始までの間は、その区域内において、土地の形質の変更、工作物の新築・改築・増築・大修繕・物件の付加を行うためには、誰でも道路管理者の許可が必要になります。これは道路管理者が土地の権原を取得する前においても同じとされています。

また、同条2項においては区域決定から供用開始までの間で道路管理者が土地の権原を取得した場合は道路法におけるいくつかの事項（私権の制限、占用許可手続など）については道路法の規定が準用（供用開始前でも適用）されることとなっています。

なお、同条3項において第1項により損失を受ける者がいる場合には、道路管理者は通常受ける損失を補償しなければならないこととされています。

（道路予定区域）

第91条 第18条第1項の規定により道路の区域が決定された後道路の供用が開始されるまでの間は、何人も、道路管理者（国土交通大臣が自ら道路の新設又は改築を行う場合における国土交通大臣を含む。以下この条及び第96条第5項後段において同じ。）が当該区域についての土地に関する権原を取得する前においても、道路管理者の許可を受けなければ、当該区域内において土地の形質を変更し、工作物を新築し、改築し、増築し、若しくは大修繕し、又は物件を付加増置してはならない。

第16章　雑則（85条〜98条の2）

2　道路の区域が決定された後道路の供用が開始されるまでの間においても、道路管理者が当該区域についての土地に関する権原を取得した後においては、当該区域又は当該区域内に設置された道路の附属物となるべきもの（以下「道路予定区域」という。）については、第4条、第3章第3節、第43条、第44条から第44条の3まで、第47条の21、第48条、第48条の45（第32条第1項又は第3項の規定の適用に係る部分に限る。）、第71条、第72条、第72条の2（第2項を除く。）、第73条、第75条、第87条及び次条から第95条までの規定を準用する。

3　第1項の規定による制限により損失を受ける者がある場合においては、道路管理者は、その者に対して通常受けるべき損失を補償しなければならない。

（4項省略）

2項に列挙されている条文について項目を書き出しておきます。

第4条：私権の制限

第3章第3節：道路の占用

第43条：道路に関する禁止行為

第44条から第44条の3まで：沿道区域、工作物の届出、違法放置等物件

第47条の21、第48条：道路保全立体区域の指定及び区域内の制限

第48条の45（第32条第1項又は第3項の規定の適用に係る部分に限る。）：自動車駐車場等運営権者に対する道路管理者の承認等の特例

第71条、第72条、第72条の2（第2項を除く。）：監督処分関係

第73条：負担金等の強制徴収

第75条：法令違反等に対する指示等

第87条：許可等への条件付与

第92条から第95条まで：不用物件関係

193

不用物件（92条～94条）

Q4
道路を廃止したとき、土地などの不用となる物件はどのように処理するのですか？

A 「不用物件」とは92条1項において、「道路を構成していた不用となった敷地、支壁その他の物件」とされ、手続的には道路の供用の廃止、区域変更により道路区域から「外れた」敷地や物件のことを指します。これらの物件は道路管理者が1年を超えない期間管理しなければならないこととなっています。

現在供用している道路をすべて廃道にしてしまうことは、現実的にはあまりないと思いますが、部分的な改良工事などにより旧道の一部分について廃道とするようなケースはあると思います。その際は92条～95条の規定によることになります。

まず、92条1項に定める具体的な期間は施行令37条において、国道・都道府県道は4か月、市町村道は2か月とされていますが、道路用エレベーターや道路附属物は1か月まで期間を短縮することができるとされています。

また、92条4項には道路を改良する場合などにおいて、現在の敷地が不用となり、一方に改良に必要な土地が存する場合で関係者の同意が得られたときは交換することができるという規定があります。

（不用物件の管理又は交換）

第92条 道路の供用の廃止又は道路の区域の変更があつた場合においては、当該道路を構成していた不用となつた敷地、支壁その他の物件（以下「不用物件」という。）は、従前当該道路を管理していた者が1年をこえない範囲内において政令で定め

第16章　雑則（85条〜98条の2）

る期間、管理しなければならない。

2　第4条の規定は、前項の期間が満了するまでは、不用物件について準用する。

3　第1項の不用物件は、土地収用法第106条の規定の適用については、同項に規定する期間内においては、不用物件とならないものとみなす。

4　道路管理者は、路線の変更又は区域の変更に因り、新たに道路を構成する敷地その他の物件を取得する必要がある場合において、これらの物件及び不用物件の所有者並びに当該物件について抵当権、賃借権、永小作権その他所有権以外の権利を有する者の同意があるときは、第1項の期間内においても、不用物件とこれらの物件とを交換することができる。

道路法施行令

（不用物件の管理期間）

第37条　法第92条第1項（法第91条第2項において準用する場合を含む。）の政令で定める期間は、国道又は都道府県道を構成していた不用物件については4月とし、市町村道を構成していた不用物件については2月とする。ただし、橋、渡船施設、道路用エレベーター等道路と一体となつてその効用を全うする施設又は工作物（トンネルを除く。）及び道路の附属物であつた不用物件については、1月までその期間を短縮することができる。

更に93条では、例えば国道のバイパス建設により不用となった国道を市町村道とする場合などに使う規定で、市町村側が申し出た場合は「引き渡さなければならない」とされています。実務的には国道の道路区域に市町村道の区域を重複してかけておき、その後、国道の区

195

域を外す手続が一般的です（それらがすべて同時でもかまいません）。

　最後に94条には、1項において不用物件となった道路が道路管理者以外の所有に属する場合は不用物件管理期間の満了後所有者に返還しなければならないものとされており、2項において、当該物件が国有財産である場合、国土交通大臣はその国有財産の主務大臣と協議を行い、国有財産として存置するもの以外は当該道路の管理費用を負担した地方公共団体に譲与することができるとされています。

　先ほどの国道の旧道を市町村道などにする場合は、この規定により敷地を譲与することが可能となります。

（不用物件の使用）

第93条　不用物件を他の道路の新設又は区域の変更のために使用する必要がある場合であつて、且つ、当該不用物件が当該道路の区域内にある場合において、当該道路の道路管理者がその旨を前条第1項の期間内に当該不用物件の管理者に申し出たときは、当該不用物件の管理者は、これを当該道路管理者に引き渡さなければならない。

（不用物件の返還又は譲与）

第94条　第92条第4項及び前条の規定に該当する場合を除き、不用物件がその管理者以外の者の所有に属する場合においては、当該不用物件の管理者は、第92条第1項の期間満了後、直ちにこれを所有者に返還しなければならない。

2　前項の場合において当該不用物件が国有財産であるときは、国土交通大臣は、当該国有財産の管理者である主務大臣と協議の上、国有財産として存置する必要があるものを除き、国有財産法第28条の規定にかかわらず、当該不用物件のあつた道路の管理の費用を負担した地方公共団体にこれを譲与することが

第 16 章 雑則（85 条〜98 条の2）

できる。

（3項以下省略）

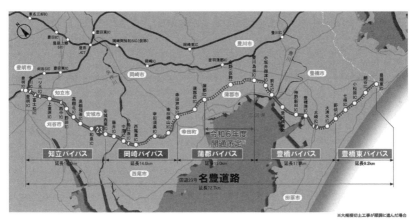

大規模バイパスの例・国道 23 号名豊道路
（出典：国土交通省中部地方整備局 HP）

もっと知りたい！

みなし貸付

Q5
みなし貸付とはなんですか？

A 道路の敷地管理の中で重要なものに「みなし貸付」の制度があります。これは、旧道路法のもとで、国の営造物として国に帰属していた都道府県道や市町村道について、昭和27年に施行された新道路法において、都道府県又は市町村に帰属とさせることとした際、土地登記上の名義をすべて国から地方公共団体に変更することは実務上不可能であったことから、道路法施行法（昭和29年の新道路法を施行する際の経過規定などを定めた法律）5条において、それらの土地を国から地方公共団体に貸し付けられたものと「みなす」規定をおいたものです。

道路法施行法

（経過規定）

第5条 新法施行の際、現に旧法の規定による府県道、市道又は町村道の用に供されている国有に属する土地で、新法の規定により都道府県道又は市町村道の用に供されるものは、国有財産法第22条の規定にかかわらず、新法施行の際、当該都道府県道又は市町村道の存する都道府県又は市町村にそれぞれ無償で貸し付けられたものとみなす。

2 前項の場合において、国有財産の貸付を受けるべき地方公共団体が二以上あるときは、そのいずれかが都道府県であるとき

198

第16章　雑則（85条〜98条の2）

> は建設大臣が、その他のときは都道府県知事が貸付を受けるべ
> き地方公共団体を定めるものとする。

（括弧は外してあります）

国有財産法

（無償貸付）

第22条　普通財産は、次に掲げる場合においては、地方公共団体、
　　水害予防組合及び土地改良区に、無償で貸し付けることができ
　　る。

> 一　公共団体において、緑地、公園、ため池、用排水路、火葬
> 　場、墓地、ごみ処理施設、し尿処理施設、と畜場又は信号機、
> 　道路標識その他公共用若しくは公用に供する政令で定める小
> 　規模な施設の用に供するとき。
> 二　公共団体において、保護を要する生活困窮者の収容の用に
> 　供するとき。
> 三　公共団体において、災害が発生した場合における応急措置
> 　の用に供するとき。

（括弧は外してあります）

（四号以下省略）

第2部

199

道路法の条文に沿った解説は以上です。その他に道路法の違反者に対し罰則の規定を99条から108条まで設けていますが、当該規定を使うケースはまれだと思いますので、省略します。

　また、直近の道路法改正部分の解説まではできませんでしたので、付録の資料を参考にしてください。

第3部

付録

最近の道路法改正に関する参考資料

　道路法や関連する法律の改正は毎年のように行われています。その改正の目的や内容を知るための手段として、法律改正の付属資料としてパワーポイントのいわゆる「一枚紙」の資料が作成されることがあります。後になっても非常に便利な資料ですので、この本の付録として近年のものを掲載いたします。

平成25年改正

●道路法等の一部を改正する法律案　　＜予算関連法案＞

道路の老朽化や大規模な災害の発生の可能性等を踏まえた道路の適正な管理を図るため、予防保全の観点も踏まえて道路の点検を行うべきことを明確化するとともに、大型車両の通行経路の合理化と併せた制限違反車両の取締りの強化、防災上重要な経路を構成する道路の無電柱化の促進、災害時の道路啓開の迅速化等の所要の措置を講ずる。

背景

○高度経済成長期に集中的に整備された道路の老朽化が進行

※建設後50年以上経過した道路構造物の割合
- 橋　　　　16%（2012）⇒（20年後）⇒ 65%（2032）
- トンネル　18%（2011）⇒（20年後）⇒ 47%（2031）

○重量車両の通行により道路の疲労が蓄積

（橋梁の抜け落ち）

（舗装のわだち掘れ）

○首都直下地震や南海トラフの巨大地震等様々な災害に備えた「命の道」の確保の必要性

（東日本大震災における道路の啓開状況）

（台風による道路の被災状況）

改正案の概要

1. 道路構造物の予防保全・老朽化対策

【道路の維持・修繕の充実（ハード対策）】
○道路の予防保全の観点も踏まえた点検を含む維持・修繕の実施
○国土交通大臣による点検結果の調査（技術開発等への活用）
○一定の構造物を対象とした国土交通大臣による修繕・改築の代行

（道路構造物の点検）

【大型車両の通行の適正化（ソフト対策）】
○大型車両の通行を誘導すべき経路を構成する道路を国土交通大臣が指定
　→国土交通大臣による一部の大型車両の通行許可の迅速化
○制限違反を繰り返す車両の使用者等に対する監督強化（立入検査等の実施）

（特殊車両の通行に関する違反の状況）

2. 道路の防災・減災対策の強化

○緊急輸送路など防災上重要な経路を構成する道路における物件等の占用禁止・制限
　→無電柱化に対する国と地方公共団体による無利子貸付け
　　【道路財特法の一部改正】
○民間団体等と道路管理者との協定締結による道路啓開等の実施

（無電柱化のための電線共同溝の整備）

《《道路の適切な管理を推進するための枠組みの構築》》
・道路管理者等の連携による効果的な管理のための協議会設置
　→防災上重要な道路等の管理方法の取決め（道路啓開路線の選定等）
　［→並行する路線間の調整（歩道、自転車通行空間の確保等）など
　　地域の様々な課題にも対応

平成 26 年改正

●道路法等の一部を改正する法律案　　＜予算関連法律案＞
（高速道路の計画的な更新とスマートインターチェンジの整備等による地域活性化を図る法案）

> 首都高速道路等の高速道路の老朽化に対応した迅速かつ計画的な更新事業を行うとともに、高速道路の活用を図るため、現行の料金徴収期間後の一定期間における継続的な料金徴収、立体道路制度の既存の道路への適用拡大、スマートインターチェンジの整備に対する財政支援等の所要の法的措置を講ずる。

1. 背景・必要性

○建設開始後半世紀を経て老朽化が進む高速道路の更新を、厳しい財政状況の中でも迅速かつ計画的に推進する必要

鉄筋コンクリート桁における主要な鉄筋の腐食

橋脚部におけるコンクリートのひび割れ

○都市再生や地域活性化を進めるため、高速道路の活用を図るための新たな方策が必要

未活用の状態にある首都高速道路の上部空間

アメリカ	5Km
ドイツ	7Km
イギリス	4Km
日本	10Km

諸外国と比べて広いインターチェンジ間隔（スマートICを除く）

2. 改正事項

（1）高速道路の計画的な更新の実施

①計画的な更新を行う枠組みの構築
・高速道路機構・高速道路会社間の協定と、高速道路機構の業務実施計画に、更新事業を明記（国土交通大臣が業務実施計画を認可）【高速道路機構法】

②更新需要に対応した新たな料金徴収年限の設定（世代間の負担の平準化）
【道路整備特措法】

料金水準　｜建設債務の償還　｜更新費の償還｜
H17　　　　　　　　　　　H62　　H77　料金徴収期間

（2）高速道路の活用による維持更新負担の軽減と地域活性化

①道路上部空間の活用による、都市再生事業と高速道路の維持更新事業との連携
・立体道路制度の既存の高速道路への適用拡大【道路法】

②高架下空間の活用
・占用基準の緩和、入札方式の導入【道路法】

③地域活性化のための高速道路の活用
・スマートインターチェンジの整備に対する財政支援【高速道路機構法】

付　　録

平成28年改正

●踏切道改良促進法等の一部を改正する法律案

<日切れ扱い、予算関連法律案>

交通の安全の確保とその円滑化を図るため、踏切道改良促進法の指定期限を5年間延長するほか、地域と連携した幅広い踏切道の対策を促進するための措置を講じるとともに、民間による維持管理・利便性向上を促進するための道路協力団体制度の創設、道路上の不法占用物件に係る対策の強化等の所要の措置を講ずる。

①踏切道改良促進法の一部改正

◆依然として多い踏切事故・渋滞

法施行(S36年)後50年で、
・踏切数半減(約7万→約3.4万)
・遮断機の無い踏切も約1割まで減少

➢ 踏切事故は約1日に1件、約4日に1人死亡
　※踏切事故件数248件、死亡者数92人(H26年度)
　死亡者に占める歩行者の割合:約8割/
　(うち65歳以上の高齢者:約4割)

➢ 開かずの踏切は約600箇所存在する一方、立体交差化等の抜本対策には長期間が必要
　※開かずの踏切の事故件数は他の踏切の約4倍

➢ 現行法に基づく踏切改良の方法は、
　・立体交差化
　・構造の改良
　・保安設備の整備　等に限定

➢ 鉄道事業者・道路管理者以外の地域の関係者と連携した取組が必要

◆改正概要

○**改良すべき踏切道の指定期限を5年間延長(H28～32年度)**
　※課題のある踏切は、改良の方法が合意されていなくとも指定する仕組みに改正。

○**踏切道の改良方法の拡充**
➡ 従前の対策に加え、当面の対策(カラー舗装等)や踏切周辺対策(駅周辺の駐輪場整備やバリアフリー化等による踏切横断交通量の低減)等を位置づけ、ソフト・ハード両面からできる対策を総動員

○**改良方法を検討するための協議会制度の創設**
➡ 地域の関係者と連携し、地域の実情に応じた対策を検討
　※保安設備整備に係る補助制度の拡充により、高齢者等の歩行者事故対策を強化。
　また、連続立体交差化を無利子貸付で支援(継続)。

改正法に基づき、課題のある踏切を指定※し、H32年度までに下記の達成を目指す。
　※少なくとも1,000箇所以上を指定

・**踏切事故件数:約1割削減**
　(H26年度 248件 → H32年度 約220件)
・**踏切遮断による損失時間:約5%削減**
　(H25年度 約123万人・時/日 → H32年度 約117万人・時/日)

②道路法の一部改正

◆道路の安全確保、利便性向上の必要性

➢ 民間団体等の活動と連携して道路の管理の一層の充実を図る必要

➢ 民間団体等によるスムーズな活動環境を整える必要

➢ 看板等による点字ブロックの遮断、強風に煽られたのぼり旗による交通への危険等が存在

◆改正概要

○**道路協力団体制度の創設**
➡ 清掃や道路の陥没等の異常発見等、民間団体等による道路管理の充実、道路の利便増進等
　(占用許可等の手続を簡素化)

○**不法占用物件に係る対策の強化**
➡ 道路管理者が、車両からの落下物等だけでなく、交通に危険を及ぼす不法に設置された看板等を除去可能に

上:活動例(シェアサイクル施設整備等)
下:活動例(オープンカフェ設置)

踏切道、歩道等を含めた道路及び鉄道の安全性の向上、交通の円滑化

第3部

平成30年改正

●道路法等の一部を改正する法律案

<日切れ扱い法律案、予算関連法律案>

背景・必要性

① **道路財特法※に基づく財政上の特別措置の期限切れへの対応**
  ○ 今年度末に期限が切れる国費率のかさ上げ措置が延長されない場合、自治体の負担が増大 ※道路整備事業に係る国の財政上の特別措置に関する法律

② **道路利用の安全性の更なる向上**
  ○ 老朽化が進む道路の修繕が急務
    ※市町村管理を含む全橋梁73万橋の54％で点検が完了、うち61％で措置が必要(H28年度末時点)
  ○ 道路区域外からの落石や土砂崩れ等により、交通事故等が発生
  ○ 災害時に重要な輸送路の啓開・復旧を被災自治体が迅速に行うのは困難
  ○ 下水道の管路等の占用物件の損壊により、道路陥没等が発生
  ○ 幅員が狭い歩道の電柱等が、歩行者や車いすの安全・円滑な通行を阻害

③ **物流生産性の向上**
  ○ 国際海上コンテナ車等が増加する中、道路構造上の制約による通行の支障が物流生産性の向上を阻害

落石による死傷事故

災害により通行できなくなった道路

下水道の老朽化による道路陥没

電柱により通学児童が車道にはみ出す

法案の概要

1. 道路整備に関する財政上の特別措置の継続

○ 道路の改築に対する国費率のかさ上げ措置を平成39年度末まで延長【道路財特法】

2. 道路利用の安全性の更なる向上

○道路の老朽化に対応し修繕を重点的に支援するため、補助国道の修繕に係る国費率のかさ上げ措置を新設【道路財特法】　※補助国道の修繕に係る現行の国費率 5/10

○道路区域外からの落石等を防ぐため、現行制度を拡充し、沿道区域内の土地管理者への損失補償を前提とした措置命令権限を規定【道路法】

○重要物流道路(後掲)及びその代替・補完路について、災害時の道路啓開・災害復旧を国が代行【道路法】

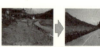
災害時の道路啓開

○占用物件の損壊による道路構造や交通への支障を防ぐため、占用者による物件の維持管理義務、当該義務違反者への措置命令権限を規定【道路法】

○歩行者や車いすの安全・円滑な通行を確保するため、占用制限の対象に「幅員が著しく狭い歩道で特に必要な場合」を追加【道路法】
※現行では「災害時の被害拡大防止」「車両の能率的な運行確保」のため特に必要な場合に占用制限が可能

3. 「重要物流道路制度」(新設)による物流生産性の向上

平常時・災害時を問わない安定的な輸送を確保するため、国土交通大臣が物流上重要な道路輸送網を「重要物流道路」※として指定し、機能強化、重点支援を実施
※高規格幹線道路、地域高規格道路、直轄国道、空港港湾アクセス道等から指定

○国際海上コンテナ車等の円滑な通行を図るため、通常の道路より水準が高い特別の構造基準を設定【道路法】
※当該基準を満たした道路については国際海上コンテナ車等の通行に係る許可を不要とする【車両制限令】

○高速道路から物流施設等に直結する道路の整備に係る無利子貸付制度を新設【道路財特法】

○重要物流道路及びその代替・補完路について、災害時の道路啓開・災害復旧を国が代行【道路法】(再掲)

国際海上コンテナ車(40ft背高)
高さ4.1m　長さ16.5m　車両総重量40t程度

【目標・効果】　平常時・災害時を問わず、安定的かつ安全・円滑に利用可能な道路網を確保
(KPI)①:豪雨による被災通行規制回数・時間の削減　143件/年・2,823時間/年(過去5年間平均)　→ 10年後には概ね半減
　　　②:国際海上コンテナ車(40ft背高)の特車通行許可必要台数の削減　約30万台(H28年度)　→ 10年後には概ね半減

付　録

令和2年改正

● 道路法等の一部を改正する法律案　　　　　　　　　　　　　　　＜予算関連法律案＞

背景・必要性

- 大型車による物流需要の増大に伴い、特殊車両※の通行許可手続の長期化など事業者負担が増大し、生産性が低下（過積載等の法令違反も依然として散見）　※車両の重量等が一定限度を超過する車両
- 主要駅周辺にバス停留所等が分散し、安全かつ円滑な交通の確保に支障
- バイパスの整備等により自動車交通量が減少する道路が生じる一方、コンパクトシティの進展などにより歩行者交通量が増加する道路も生じており、歩行者を中心とした道路空間の構築が必要
- 2020年を目途としたレベル3以上の自動運転の実用化に向け、車両だけでなくインフラとしての道路からも積極的に支援する必要
- 災害発生時における道路の迅速な災害復旧等が必要

➡ **安全かつ円滑な道路交通の確保と道路の効果的な利用を推進する必要**

法案の概要

1. 物流生産性の向上のための特殊車両の新たな通行制度の創設　【道路法、道路特措法】

○ デジタル化の推進により、登録を受けた特殊車両※が即時に通行できる制度を創設　※車両の重量等が一定限度を超過する車両
- 事業者は、あらかじめ、特殊車両を国土交通大臣に登録
- 事業者は、発着地・貨物重量を入力してウェブ上で通行可能経路を確認
- 国土交通大臣は、ETC2.0を通じて実際に通行した経路等を把握
- 国土交通大臣は、登録等の事務を一定の要件を満たす法人に行わせることができる

ウェブ上に表示される複数の通行可能経路（イメージ）

2. 民間と連携した新たな交通結節点づくりの推進　【道路法、道路特措法】

○ 交通混雑の緩和や物流の円滑化のため、バス、タクシー、トラック等の事業者専用の停留施設を道路附属物として位置付け（特定車両停留施設）
- 施設の運営については コンセッション（公共施設等運営権）制度の活用を可能とする
  ・運営権者（民間事業者）は、利用料金を収受することが可能
  ・協議の成立をもって占用許可とみなす

特定車両停留施設（イメージ）

3. 地域を豊かにする歩行者中心の道路空間の構築　【道路法、財特法】

○ 賑わいのある道路空間を構築するための道路の指定制度を創設（歩行者利便増進道路）
- 指定道路では、歩行者が安心・快適に通行・滞留できる空間を整備（新たな道路構造基準を適用）
- 指定道路の特別な区域内では、
  ・購買施設や広告塔等の占用の基準を緩和
  ・公募占用制度により最長20年の占用が可能
- 無電柱化に対する国と地方公共団体による無利子貸付け（※予算関連）

歩行者利便増進道路（イメージ）

4. 自動運転を補助する施設の道路空間への整備　【道路法、道路特措法、財特法】

○ 自動運転車の運行を補助する施設（磁気マーカー等）を道路附属物として位置付け（民間事業者の場合は占用物件とする）
- 磁気マーカー等の整備に対する国と地方公共団体による無利子貸付け（※予算関連）

自動運行補助施設（イメージ）

5. 国による地方管理道路の災害復旧等を代行できる制度の拡充　【道路法】

○ 国土交通大臣が地方管理道路の道路啓開・災害復旧を代行できる制度を拡充

【目標・効果】安全かつ円滑な道路交通の確保と道路の効果的な利用の推進
　①：特殊車両の通行に係る手続の期間　約30日から2021年度末までに約10日（登録車両は即日）に短縮
　②：特定車両停留施設における高速バス年間利用者数　2030年度に概ね5,000万人
　③：歩行者利便増進道路の累計指定区間　2025年度末までに概ね50区間
　④：地域限定型の無人自動運転移動サービスの累計展開地域　2030年末までに100箇所以上

第3部

207

令和3年改正

● 踏切道改良促進法等の一部を改正する法律案　＜日切れ扱い、予算関連法律案＞

背景・必要性

○ 踏切道の改良対策を進め、踏切道の数や事故件数は着実に減少してきているものの、依然として事故・渋滞が多数発生
　（踏切事故は約2日に1件発生、死亡事故のうち約5割は高齢者、渋滞原因となる「開かずの踏切（ピーク時遮断時間40分以上）」は全国500箇所以上）

○ 平成30年6月大阪北部地震の際には、列車の駅間停止等により多数の踏切道の長時間遮断が発生し、救急救命活動等に大きな支障
　（救急車の到着時間の遅れの例：［通常］7分 → ［大阪北部地震時］42分）

○ 頻発・激甚化する災害時には、電柱の倒壊、倒木等により道路や鉄道の交通を阻害

⇒ 踏切道の改良対策を更に促進するとともに、道路と鉄道の防災機能を強化し、安全で円滑な交通を確保する必要

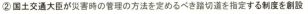

踏切事故件数・死亡者数の推移

法案の概要

1. 踏切道の更なる改良と災害時における適確な管理の促進　【踏切法・道路法・鉄道事業法】

① 改良が必要な踏切道を国土交通大臣が機動的に指定
　　従来の5年間の指定年限（現行は令和2年度末まで ※日切れ扱い）を撤廃・恒久化し、交通安全基本計画等の国の5ヶ年計画と連動して指定
　◆ 改良の方法を拡充し、迂回路の整備や踏切前後の滞留スペースの確保等の面的・総合的な対策を推進
　◆ 改良後の評価の導入によりPDCAを強化し、必要に応じ追加的対策を勧告
　◆ 踏切道のバリアフリー化等のため市町村による指定の申出を可能に

② 国土交通大臣が災害時の管理の方法を定めるべき踏切道を指定する制度を創設
　◆ 鉄道事業者・道路管理者による災害時の踏切道の開放手順作成等を義務付け
　◆ 鉄道事業者による踏切道監視用カメラの整備への補助を創設（※予算関連）
　◆ 他の道路と鉄道の交差についても、計画的な点検・修繕等の管理の方法を協議

「開かずの踏切」による渋滞

踏切道の長時間遮断による救急救命活動等への支障

2. 道路の防災機能の強化　【道路法等】

① 広域災害応急対策の拠点となる「道の駅」等について、国土交通大臣が防災拠点自動車駐車場として指定する制度を創設
　◆ 災害時には防災拠点としての利用以外を禁止・制限可能に
　◆ 民間による通信施設、非常用発電施設等の占用基準を緩和
　◆ 協定の締結により、道路管理者が災害時に隣接駐車場等を一体的に活用

② 緊急輸送道路等の沿道区域で、電柱等の工作物を設置する場合の届出・勧告制度を創設

③ 都道府県が市町村管理道路の啓開・災害復旧を代行できる制度を創設

道の駅を拠点として活用した災害応急対策

沿道の電柱の倒壊による道路閉塞

3. 鉄道の防災機能の強化　【鉄道事業法】

① 鉄道事業者は、国土交通大臣の許可を受けて、
　◆ 鉄道施設に障害を及ぼすおそれのある植物等の伐採等を可能に
　◆ 災害時の早期復旧のために他人の土地を作業場等として一時使用可能に

倒木による鉄道輸送障害の発生

【目標・効果】踏切道の改良等を通じた道路及び鉄道の安全かつ円滑な交通の確保
① 踏切事故件数　　　　　　　　　　　　　　令和7年度末までに約1割削減（令和元年度211件）
② 災害指定踏切道（約500箇所）における災害時の長時間遮断の解消　令和7年度末までに100%
③ 倒木による鉄道輸送障害の件数　　　　　　令和7年度末までに約1割削減（平成29年度～令和元年度平均170件）

令和5年改正

● 道路整備特別措置法及び独立行政法人日本高速道路保有・債務返済機構法の一部を改正する法律案 ＜予算関連法律案＞

背景・必要性

○ 平成26年度からの点検強化により、重大損傷の発見が相次いでおり、高速道路の機能を将来にわたり維持するため、抜本的な性能回復を図る更新事業の推進が必要

○ また、国土強靱化等の社会的要請を踏まえ、高速道路の進化・改良に関する投資が不可欠

○ 料金収入を確実に確保するため、不正通行車両等からの事後徴収の強化が必要

○ 自動運転普及やカーボンニュートラルなどの政策目的達成のため、SA・PAの機能高度化が必要

⇒ 必要な財源の確保等により、高速道路の適正な管理や機能強化を推進することが必要

＜首都高速 羽田トンネルの状況＞

＜のり面崩壊による暫定2車線区間の通行止め＞

法案の概要

高速道路の料金徴収期間の延長 【特措法・機構法】

○ 高速道路の更新・進化のため、料金徴収期間を延長することにより、必要な事業を追加

○ 事業追加にあたっては、債務返済の確実性の観点から、債務返済期間を設定
　⇒ 国土交通大臣への許可申請日から50年以内

○ 現行制度を踏まえ、料金徴収期限を引き続き設定
　⇒ 最長で令和97年（2115年）9月30日

＜債務返済期間のイメージ＞

高速道路料金の確実な徴収 【特措法】

○ 高速道路料金について、車両の運転者に加え、車検証上の使用者に請求できることを明確化

○ 高速道路会社等が、軽自動車検査協会等から軽自動車・二輪車の車両の使用者の情報を取得できるよう措置　※軽自動車・二輪車以外の車両使用者情報は、登録情報提供制度に基づく請求で入手可能

SA・PAの機能高度化 【機構法】

SA・PAにおいて、利用者利便の確保に資する機能高度化施設と一体的に整備される駐車場の整備費用の一部について、高速道路機構から高速道路会社に対する無利子貸付制度を創設

機能高度化イメージ（立体駐車場）
（例）EV充電施設
（例）自動運転車両の拠点施設

＜その他＞
地方道路公社等が管理する有料道路の整備促進等のため、当該道路のプール制（※）の対象を追加（未供用の道路を追加）等
※交通上密接な関連を有する複数の道路を一つの道路として料金徴収（合併採算）する制度

【目標・効果】高速道路の適正な管理・機能強化
高速道路の要修繕施設（橋梁・トンネル）に対する着手率　令和3年度末：約7割 → 10年後に約8割

あとがき

　平成 22 年に発刊しました「いちからわかる道路管理の知識＆雑学」から 10 年以上経過し、ようやく大幅な改訂版を発刊することができました。

　今回の改訂に当たっては、道路占用許可関係を中心に、道路法条文の解説を増やしました。その分、雑学に関する部分が減っていますが、この 10 年間で道路の雑学に関する本がかなり増えていますので、雑学はそれらに譲り、この本の本質である道路管理事務の実務の解説を重視することとしました。

　実務の経験が長くなると道路管理事務の担当者として、原理原則論に陥ることがままあります（特に道路占用許可事務において）が、担当者は許認可申請を公共的・公益的に考えてどのように調整するかが重要です。

　そのような時にこの本を道路法の勉強の速読本として使っていただき、判断のヒントになればこの上ない喜びです。

210

参考文献

・『道路法令総覧』　　　　　　　　　　　　　　　　ぎょうせい

・『道路占用関係通達集　第8次改訂版』　　　　　　ぎょうせい

・『道路法解説』　　　　　　　　　　　　　　　　　大成出版社

・『道路管理瑕疵判例ハンドブック』　　　　　　　　ぎょうせい

・『道路管理の手引』　　　　　　　　　　　　　　　ぎょうせい

・『国道の謎』　　　　　　　　　　　　　　　　　　祥伝社新書

・『ふしぎな国道』　　　　　　　　　　　　　　　　講談社現代新書

・『日本の道路 120 万キロ』　　　　　　　　　　じっぴコンパクト新書

グループ MICHI とは？

　「グループ MICHI」は、国土交通省の本省や地方整備局等で道路管理の事務を経験したことのあるメンバーで構成したグループです。それぞれの得意分野の経験や知恵を持ち寄り執筆しました。

　編集に当たっては、道路管理事務の基本である区域決定や供用開始などの基本的な部分は、時代が経過してもあまり変わりませんので詳しく記述していますが、最近の法改正に関連する部分については実際の運用例がまだ積みあがっておりませんので、法改正の内容の記述程度になっています。

　改正内容の理解のために、付録として、道路法等改正に関する資料（国土交通省 HP 掲載されているもの）を載せましたのでご利用いただければ幸いです。

編集代表　高鍋　誠治
（元国土交通省道路局道路利用調整室長）

いちからわかる道路管理事務のキホン

令和 6 年10月10日　第 1 刷発行

編　集　グループMICHI

発　行　株式会社 ぎょうせい

〒136-8575　東京都江東区新木場1-18-11
URL：https://gyosei.jp

フリーコール　0120-953-431

ぎょうせい　お問い合わせ　検索　https://gyosei.jp/inquiry/

〈検印省略〉

印刷　ぎょうせいデジタル株式会社　　　　　©2024　Printed in Japan
※乱丁・落丁本はお取り替えいたします。
ISBN978-4-324-11428-5
(5108958-00-000)
〔略号：いちから道管〕